AF522758

SCHULKOCHBUCH

DIE DR. OETKER GELING-GARANTIE

UNSER VERSPRECHEN

Liebe Eltern,

mit den Rezepten in unseren Koch- und Backbüchern möchten wir Sie und Ihre Lieben glücklich machen. Zum Glück braucht es den Erfolg, und den kaufen Sie mit jedem Dr. Oetker Buch gleich mit.

Dafür gibt es die Dr. Oetker Geling-Garantie. Sie ist unser Versprechen, dass alle Rezepte aus diesem Buch ganz einfach und sicher gelingen. Die Geling-Garantie startet schon bei der Zutatenliste: Alle Zutaten, die wir verwenden, sollten Sie leicht in Ihrem Supermarkt vor Ort einkaufen können. Jeder Zubereitungs-Schritt ist klar und einfach nachvollziehbar.

Eine Garantie können wir Ihnen aber auch deshalb mit gutem Gewissen geben, weil alle Rezepte dieses Buches von unserem erfahrenen Team entwickelt wurden. Anschließend haben wir jedes Gericht in einer ganz normalen Küche nachgekocht oder nachgebacken. Immer wieder. So lange, bis wir uns sicher waren, dass es gelingt. Und zwar auch bei Ihnen zu Hause.

Was wir versprechen, halten wir auch. Sollte beim Kochen oder Backen eines unserer Rezepte dennoch etwas danebengehen oder es Ihnen einfach nicht schmecken, dann lassen Sie es uns wissen. Schreiben Sie oder rufen Sie uns an! Wir werden das Rezept nochmals kritisch prüfen und Ihnen helfen herauszufinden, woran es gelegen haben könnte. Sie erreichen uns unter der Telefonnummer +49 (0) 89 / 5 48 25 15-0. Oder schreiben Sie uns eine E-Mail unter: redaktion-oetker@zsverlag.de

Natürlich freuen wir uns aber auch über weitere Rückmeldungen und auch über Lob. Ihre Ideen, Kommentare und Fragen können Sie jederzeit auch über Facebook posten: www.facebook.com/Dr.OetkerVerlag.
Wir sind für Sie da. Garantiert.
Mit herzlichen Grüßen
Ihre Dr. Oetker Redaktion

Inhalt

Auf die Plätze, fertig, Los ...

Hinweis

Was Kinder allein machen können, müssen die verantwortlichen Erwachsenen einschätzen. Denn Kinder sind einfach sehr unterschiedlich weit in ihren Fähigkeiten. Am besten sollte immer ein Erwachsener in der Nähe sein.

Halt, Moment einmal! Bevor du loslegst, solltest du einige Sachen beachten, damit nichts schief geht.

1. Wie man ein Rezept liest

Wenn du dich für ein Rezept entschieden hast, lies es zuerst einmal ganz durch. So kannst du dir schon vorstellen, was du Schritt für Schritt tun musst und siehst alle Zutaten und Geräte, die benötigt werden. Lies genau die Herd-Einstellungen und Backofen-Temperaturen. Auch für wie viele Kinder oder Stücke das Rezept ist, steht jeweils dabei. Falls du Fragen hast, lass dir von einem Erwachsenen helfen.

2. Perfekt vorbereitet – alles paletti

* Zuerst einmal eine Schürze anlegen, das sieht aus wie bei den Profis und sorgt dafür, dass das T-Shirt sauber bleibt.
* Dann die Hände gründlich waschen und abtrocknen, lange Haare am besten zusammenbinden und los geht's!
* Stelle zuerst alle benötigten Geräte und Zutaten zum Abwiegen und Vorbereiten bereit, denn ständig zwischendurch etwas zu suchen, verdirbt den Kochspaß. Außerdem brauchst du häufig: Waage, Messbecher, Küchenwecker, Topflappen-Handschuhe, Untersetzer oder Küchenhandtuch – das sollte immer in Reichweite sein.
* Übrigens: Clever ist es, stets ein Küchentuch parat zu haben, um Geklecker gleich wegzuwischen. Wenn's erst angetrocknet ist, wird's mühsam!
* Falls im Rezept angegeben, nun den Backofen vorheizen und Backformen bzw. Backbleche vorbereiten.
* Beim Probieren nicht den Finger verwenden, sondern mit einem sauberen Löffel probieren.
* Zwischendurch den Arbeitsplatz aufräumen. Erspart später Zeit beim Aufräumen und verhindert das Chaos am Arbeitsplatz in der Küche.

3. Messen, Wiegen und Schnippeln

Nächster Schritt: die trockenen Zutaten (z. B. Mehl, Zucker usw.) nacheinander mit einem Messbecher oder auf einer Waage abwiegen und in Schüsseln griffbereit stellen. Flüssigkeiten werden mit dem Messbecher abgemessen. Dann alles Übrige abwiegen.

Zum Vorbereiten von Obst, Gemüse oder Fleisch ein Schneidebrett bereitstellen. Wie es dann weitergeht mit Gemüse, Fleisch und & Co. liest du auf den folgenden Seiten. Denk bitte daran: Brett und z. B. Messer nach dem Gebrauch (vor allem nach dem Schneiden und Vorbereiten von Fleisch und Geflügel) vorsichtig und gründlich abwaschen, dann haben Bakterien keine Chance.

4. Vorbereitung – ach, so einfach geht das …

Ob Gemüse, Kräuter oder Früchte – die Vorbereitung ist denkbar einfach und im Prinzip stets ähnlich. Zuerst nur grob anhängenden Schmutz abputzen. Dann wird alles, möglichst im Ganzen, unter fließendem kaltem Wasser gründlich abgespült. Damit entfernst du evtl. anhängenden Sand und Rückstände, ohne dass das Wasser in den Lebensmitteln enthaltene gesunde Vitamine und Mineralstoffe auswäscht.
Klar gibt es da Ausnahmen: z. B. feine Pilze, Salate, zarte Erdbeeren oder Himbeeren. Diese nur kurz in stehendes Wasser tauchen und sofort gut abtropfen lassen, sonst saugen sie sich voll und werden matschig.

Für alle frischen Zutaten gilt:
Putze und zerkleinere alles möglichst erst kurz, bevor du es verwendest, denn der Luft-Sauerstoff kann in den Lebensmitteln enthaltene empfindliche Stoffe schnell angreifen und zerstören – dann sind einige Vitamine und auch immer ein bisschen Geschmack futsch!

Hier die wichtigsten Kurzanleitungen für das Vorbereiten von …

• **Kartoffeln:** Hier gilt erst schälen, dann nur kurz abspülen.

• **Kräutern:** Kräuterbund im Ganzen mit kaltem Wasser abspülen, trocken schütteln oder mit Küchenpapier trocken tupfen. Schnittlauch mit einer sauberen Küchenschere in feine Röllchen

Die Abkürzungen bedeuten:

- 1 EL = 1 Esslöffel
- 1 TL = 1 Teelöffel
- gestr. = gestrichen, die Menge auf dem Löffel wird mit einem Messer glatt gestrichen
- geh. = gehäuft, die Menge auf dem Löffel bildet einen kleinen Haufen
- 1 g = 1 Gramm
- 1 kg = 1 Kilogramm
- 1 ml = 1 Milliliter
- 1 l = 1 Liter
- Msp. = die Menge eines Pulvers, die mit einer Messerspitze aufgenommen werden kann
- 1 Prise = das, was zwischen Zeigefinger und Daumen Platz hat
- Pck. = Packung/Päckchen
- evtl. = eventuell
- gem. = gemahlen
- ger. = gerieben
- TK = Tiefkühlprodukt
- °C = Grad Celsius

Sicherheitshinweise

Damit es ein richtiger Kochspaß wird, musst du einige wichtige Dinge beachten:

A

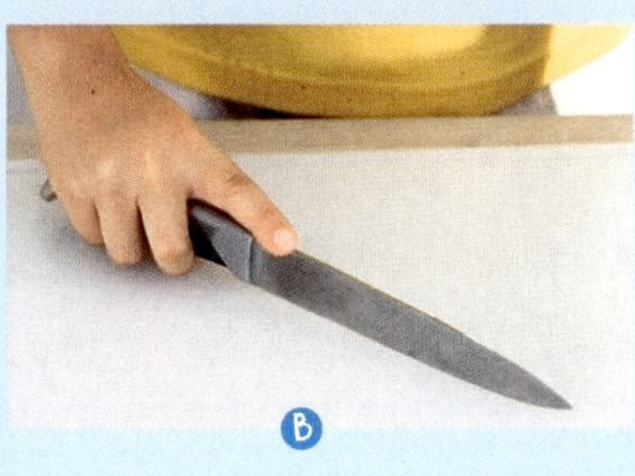
B

- Zum Anfassen von heißen **Töpfen, Pfannen, Auflaufformen** und dem **Backblech** stets Ofenhandschuhe bereitlegen A. Zum Abstellen rutschfeste Untersetzer auf der Arbeitsplatte bereitstellen.
- Mit scharfen **Messern** (auch z. B. von einem Mixer) stets vorsichtig umgehen. Halte die Schneide immer nach unten und verwende zum Scheiden ein Küchenbrett als Unterlage B.
- **Elektrische Küchengeräte** erleichtern die Arbeit und sind häufig notwendig. Geräte vor Arbeitsbeginn von einem Erwachsenen erklären und auf mögliche Gefahren hinweisen lassen. Elektrische Geräte (Mixer, Pürierstab, usw.) nur mit abgetrockneten Händen benutzen, vor dem Zusammen- und Auseinanderbauen den Stecker ziehen!
- **Töpfe und Pfannen** mit den Griffen stets nach außen auf den Herd stellen, damit du nicht über den heißen Topf (Pfanne) drübergreifen musst.
- **Pfannen- und Topfstiele** von dir weg drehen, damit du beim Arbeiten/Kochen nicht daran hängen bleibst und dich nicht mit dem heißen Inhalt verbrennst.
- **Küche nicht verlassen,** wenn etwas auf dem Herd kocht oder brät.
- Messer beim Schneiden nah am Griff anfassen und mit den Fingerspitzen der Haltehand eine leichte Kralle machen.
- Beim **Abgießen** z. B. von Kartoffeln sowie Nudeln oder beim Abheben von Pfannen- oder Topfdeckeln das Gesicht nicht zu nah über den Topf halten, weil heißer Wasserdampf aufsteigt und du dich verbrennen kannst.
- Beim **Anbraten** in Pfanne oder Topf darauf achten, dass sie trocken sind (besonders auf der Anbratfläche), bevor Öl oder Butter hineinkommt, damit es nicht spritzt.

schneiden. Bei den übrigen Kräutern die Blättchen von den Stängeln zupfen Ⓐ. Auf einem Schneidebrett mit einem Messer fein hacken oder mit einer Kräutermühle zerkleinern.

Ⓐ

- **Zwiebeln und Knoblauch:** Die äußeren, trockenen Hüllen der Knollen abziehen. Wurzelansatz möglichst nicht abschneiden. Knoblauch fein hacken oder durch die Presse drücken. Zwiebeln je nach Rezept z. B. halbieren, noch mehrmals waagerecht und senkrecht einschneiden, dann senkrecht in Würfel schneiden.

Ⓑ

- **Gemüse:** Paprikaschoten halbieren, Stielansatz, Scheidewände und Samenkerne herausschneiden Ⓑ.
Von Tomaten immer den grünen Stielansatz herausschneiden Ⓒ, dann das Fruchtfleisch nach Rezeptangabe weiter verarbeiten. Von Kohl und Lauch die äußeren, evtl. welken Blätter entfernen. Lauch längs tief einschneiden, Blätter auseinanderdrücken und gründlich evtl. Sand aus den Zwischenräumen spülen, dann trocken schütteln. Von zarten Pilzen nur evtl. anhaftenden Sand mit Küchenpapier abreiben. Salat in Blätter teilen, abspülen, gründlich abtropfen bzw. in einer Salatschleuder trocken schleudern und dann in mundgerechte Stücke zupfen bzw. schneiden.

Ⓒ

- **Fleisch & Fisch:** Beides mit Küchenpapier trocken tupfen.

- **Käse:** Entrinden (Ausnahmen z. B. Camembert, Schafskäse, Mozzarella) und dann nach Rezept z. B. reiben, würfeln oder in Scheiben schneiden.

5. Garen auf dem Herd

Hier geht's ums Dünsten, Kochen, Braten und so weiter.
Ob Gemüse, Fleisch, Fisch, Reis oder Kartoffeln – was roh ist und so nicht schmeckt oder nicht gegessen werden kann (z. B. Bohnen, Kartoffeln), muss gegart werden. Je nach Zubereitung brauchst du dafür den Herd, Töpfe und Pfannen oder Auflaufformen, Backbleche und den Backofen. Die unterschiedlichen Arten der Zubereitung findest du hier kurz beschrieben:

- **Dünsten:** Dafür brauchst du einen Topf oder eine Pfanne mit Deckel. Gib zuerst wenig Flüssigkeit in einen Topf (Wasser oder Brühe sollte im Topf etwa 1 cm hoch stehen) und evtl. etwas Öl oder Butter dazu. Lass alles bei aufgelegtem Deckel auf höchster Stufe aufkochen. Gib dann die Lebensmittel dazu und

schalte auf niedrigste Stufe zurück. Leg den Deckel wieder auf und lass alles nach Rezeptanleitung zugedeckt garen. Dabei sollte die Flüssigkeit immer ein wenig sprudelnd kochen, sodass alles im heißen Dampf garen kann. Öffne möglichst selten den Deckel, dabei entweicht sonst zu viel Flüssigkeit und Hitze und die Lebensmittel können nicht richtig garen. Dünsten ist die beste Art, zartes Gemüse, feinen Fisch, Filetfleisch oder auch Obst (Äpfel, Birnen, Pflaumen) vitaminschonend und aromatisch zuzubereiten.

• **Kochen:** Beim Kochen gibt es zwei Methoden. Bei der einen Methode wird die Flüssigkeit (meistens Wasser oder Brühe), in der die Lebensmittel gegart werden sollen, in einem großen Topf bei höchster Stufe erhitzt, bis sie richtig sprudelnd kocht. Dann werden Nudeln oder Reis zugegeben, auf mittlere Stufe zurückschalten und bei z. T. leicht geöffnetem Deckel oder ohne Deckel (bei Nudeln) unter ständigem Sprudeln garen. Bei der anderen Methode werden Lebensmittel (z. B. Kartoffeln oder Reis) mit Wasser bedeckt oder mit abgemessener Flüssigkeit in einem geschlossenen Topf bei höchster Stufe erhitzt, bis die Flüssigkeit sprudelnd kocht. Dann bei mittlerer oder niedrigster Stufe zugedeckt oder mit nur leicht geöffnetem Deckel fertig garen Ⓐ.

• **Braten:** Zum Braten verwendest du am besten eine Pfanne oder einen stabilen Topf mit einem dicken Boden und ein geschmacksneutrales, hoch erhitzbares Öl (z. B. Sonnenblumen-, Raps- oder Sojaöl). Gib das Öl in Pfanne oder Topf und erhitze es bei mittlerer oder höchster Stufe. Ob das Öl heiß genug zum Braten ist, prüfst du, indem du z. B. eine kleine Probe-Frikadelle oder einen Fleischstreifen mit Hilfe eines Pfannenwenders (Vorsicht Spritzgefahr!) hineingibst Ⓑ. Fängt es sofort an kräftig zu brutzeln, kann es losgehen. Aber: Auf keinen Fall so stark erhitzen, dass das Öl zu qualmen beginnt! Falls doch mal geschehen, Pfanne bzw. Topf sofort von einem Erwachsenen von der Herdplatte ziehen und abkühlen lassen!

6. Garen im Backofen

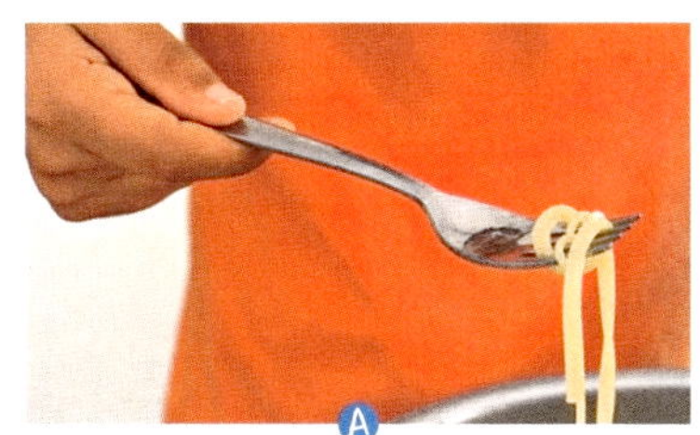

Der Start: Zum Garen im Backofen immer einen Küchenwecker oder Timer einstellen, dann kannst du sicher sein, dass du auch bei langen Backzeiten dein Gericht im Ofen nicht vergisst und es nicht verbrennt.

Stelle Auflaufformen immer auf den Gitterrost des Backofens, damit rundherum gleichmäßige Backhitze an das Gericht kommt. Der Backrost und auch Backbleche (falls im Rezept nicht anders angegeben) werden in die mittlere Schiene eingeschoben.

Die Garzeit ist vorbei: Kuchengitter oder Untersetzer bereit stellen, Ofenhandschuhe anziehen und Gericht aus dem Backofen holen. Vorsicht: Form, Backofen und Tür sind heiß. Beim Öffnen der Tür steigt häufig heißer Dampf aus dem Ofen. Halte daher deinen Kopf beim Öffnen nicht direkt über den Türspalt. Löse das Gericht in der Form, indem du mit einem Messer innen direkt am Formrand entlangfährst. Zu knifflig? Dann lass dir von einem Erwachsenen helfen!

7. Die Garprobe machen

Ob das Gemüse, die Frikadellen oder Nudeln gar bzw. fertig gekocht sind, lässt sich – je nach Lebensmittel – mit einfachen Tricks prüfen:

- **Nudeln:** Nach der auf der Packung angegebenen Kochzeit mit einem Kochlöffel eine Nudel aus dem Wasser fischen A (Vorsicht heiß!), mit kaltem Wasser abspülen und probieren. Sie sollte nicht zu weich, aber auch nicht mehr hart sein.

- **Fleisch/Frikadellen:** Während des Bratens bzw. Kochens mit einer Fleischgabel oder einem kleinen spitzen Küchenmesser einmal in die dickste Stelle einer Frikadelle oder z. B. der Hähnchenbrust stechen und etwas auf das Fleisch drücken. Tritt klarer Fleischsaft aus, ist das Fleisch fertig.

- **Gemüse/Kartoffeln:** Mehrere Stücke Gemüse bzw. Kartoffeln kurz vor Ende der angegebenen Garzeit mit einem kleinen spitzen Küchenmesser etwa 2 cm tief einstechen. Lässt sich das Messer leicht einstechen, sind Gemüse bzw. Kartoffeln gar.

8. Küchenbegriffe

Begriffe aus der Küche, die du schon mal gelesen haben solltest:

• **steif schlagen:** Unter Eiweiß, Sahne, Crème fraîche oder auch ganze Eier mit reichlich Zucker kannst du mit den Schnee- bzw. Rührbesen des Mixers oder einer Küchenmaschine reichlich Luft schlagen. Dabei werden die zuerst flüssigen Zutaten nach und nach fester und bilden zuletzt einen luftigen Schaum. Genug geschlagen hast du, wenn du mit einem Messer durch die Sahne bzw. Schaummasse ziehst (A) und ein Streifen sichtbar bleibt.

• **unterheben:** Damit sind häufig steif geschlagene Sahne, steif geschlagenes Eiweiß oder andere luftige Cremes gemeint, die unter eine andere Masse gehoben (eben nicht gerührt) werden sollen. Verwende dafür einen Schneebesen, mit dem du alles durch leichtes Drehen, sachtes Anheben und nur wenig Rühren miteinander vermischst (B). So entweicht die eingeschlagene Luft beim Unterziehen in z. B. Cremes, Quark oder ähnliches nicht wieder aus der Sahne bzw. dem Eischnee.

• **verquirlen:** Damit ist das kräftige Verrühren von flüssigen bzw. weichen Zutaten z. B. mit einem Schneebesen gemeint.

• **würzen und abschmecken:** Erst mit etwas Salz, Pfeffer und evtl. einer Prise Zucker schmecken die von dir zubereiteten Lebensmitteln so, wie wir sie kennen und mögen. Bereits vor oder während des Garens werden herzhafte Zutaten mit etwas Salz und Pfeffer gewürzt (bitte immer sparsam!), damit sie einen feinen Geschmack entwickeln können. Nach dem Garen kannst du den Speisen dann durch weitere Zugabe und das Abschmecken mit evtl. noch etwas Salz, Pfeffer, gemahlener Muskatnuss, Curry, Paprikapulver oder frischen Kräutern deinen ganz persönlichen Lieblingsgeschmack verleihen.

• **Gemüse und Obst putzen:** Ähnlich wie beim richtigen Hausputz ist auch hier „Reinemachen" angesagt. Denn Gemüse und Obst (Ausnahme: Tiefgekühltes) kann von Natur aus nicht gleich in Kochtopf oder Pfanne wandern. Erst nach Schälen oder Abspülen mit Wasser, Abschneiden von verwelkten Teilen oder z. B. Samenteilen, die wir nicht mitessen, und dem Kleinschneiden sind Tomaten, Salat, Zucchini, Äpfel, Pflaumen, Bananen und Co. fertig für deine köstliche Verwandlung.

9. Die wichtigsten Küchenwerkzeuge

- Pfanne, kleiner und großer Topf
- Schneidebrett
- Kochlöffel
- kleine und große Messer
- Knoblauchpresse
- Küchensieb, Abtropfsieb
- Pfannenwender, Schöpfkelle, Schneebesen
- Rührschüssel
- Raffel, grob oder Küchenreibe
- Reibe, für Zitronenschale oder Muskatnuss
- Topflappen, Ofenhandschuh
- Pürierstab
- Saftpresse
- Küchenmixer
- Dosenöffner

Und das gibt es sonst noch in der Küche, damit alles perfekt gelingt und noch mehr Spaß macht:

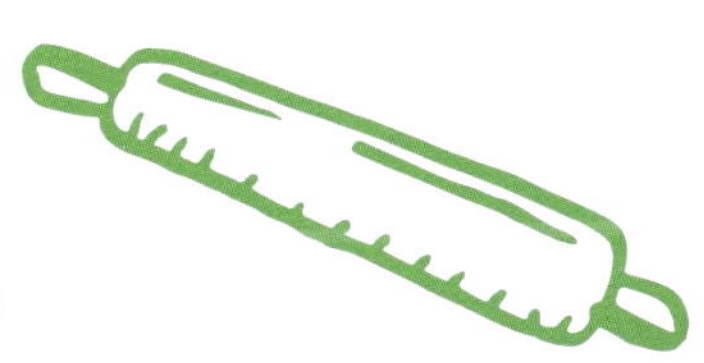

• **Sparschäler:** Dieses kleine Messer mit einer einfachen oder doppelten scharfen Klinge solltest du unbedingt ausprobieren. Damit wird dünnes Schälen z. B. von Kartoffeln, Möhren, Äpfeln und vielem mehr zum Kinderspiel.

• **Teigschaber:** So ein Schaber ist praktisch zum Auskratzen und Verstreichen von Cremes, Füllungen, Teigen und vielem mehr (ist übrigens auch mal eine nette Geschenkidee für Back- und Dessertfans).

• **Messbecher:** Ideal, um vor allem Flüssigkeiten genau abzumessen (A). Mit verschiedenen Maß-Einteilungen an der Innenseite lassen sich damit aber auch oftmals Mehl, Zucker und z. B. Grieß ohne Waage abmessen.

• **Kuchengitter mit kleinen Füßen:** Brauchst du, um heiße Gerichte aus dem Backofen etwas auskühlen zu lassen und damit die Arbeitsfläche nicht verbrannt wird. So kann rundherum Hitze entweichen.

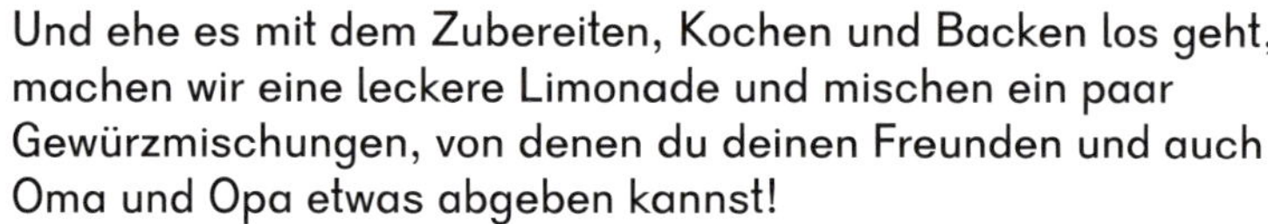

Und ehe es mit dem Zubereiten, Kochen und Backen los geht, machen wir eine leckere Limonade und mischen ein paar Gewürzmischungen, von denen du deinen Freunden und auch Oma und Opa etwas abgeben kannst!

Limonade selber machen

Zutaten für 4 Portionen

100 g Zucker

100 ml Wasser

3 Stängel Minze

4 Bio-Zitronen (unbehandelt, ungewachst)

600 ml Mineralwasser mit Kohlensäure (gut gekühlt)

1. Gib den Zucker und das Wasser in einen kleinen Topf und lass die Mischung etwa 1 Minute kochen. Die Minze spülst du kurz unter fließend kaltem Wasser ab.
2. Wasch die Zitronen und reibe sie trocken. Schneide zuerst 4 Scheiben ab und lege diese zum Garnieren beiseite. Reibe von 3 Zitronen mit einer Küchenreibe mit Fingerschutz die Schale ab und presse aus den Zitronen den Saft aus. Stelle den Zitronensaft und die abgeschnittenen Zitronenscheiben in den Kühlschrank.
3. Gib 2 Minzeblättchen und den Zitronenabrieb in den heißen Zuckersirup. Lass diesen ein wenig abkühlen und stell ihn für etwa 2 Stunden in den Kühlschrank.
4. Hänge ein feines Haarsieb über eine Schüssel. Gieß den vorbereiteten gekühlten Sirup hinein – so entfernst du Minze und Zitronenschale und fängst den Sirup in der Schüssel auf.
5. Rühre den Zitronensaft unter den Sirup.
6. Fülle 4 Gläser mit jeweils 2–3 Eiswürfeln. Zupfe die restlichen Minzeblätter von den Stängeln und verteile sie in den Gläsern. Gib dann den Sirup und jeweils 1 Zitronenscheibe mit hinein. Gieß mit gekühltem Mineralwasser auf.

Varianten:

Für eine **Orangenlimonade** tauschst du den weißen Zucker gegen braunen Zucker aus. Verwende statt der 4 Zitronen 1 Zitrone und 3 Orangen. Schneide von den Orangen vor dem Auspressen 2 Scheiben ab und halbiere die Scheiben. Bereite einen Sirup vor, wie oben beschrieben, lass aber die Minze weg. Garniere zum Servieren mit den ½ Orangenscheiben.

Für eine **Melonen-Limonade** pürierst du 300 g Melonen (z. B. Wassermelone) und mischst das Püree mit der Hälfte vom Zitronen-Minzsirup. Anschließend gießt du das Püree mit 500 ml vorgekühltem Mineralwasser auf. Dann verteilst du die Limonade in Gläser. Du kannst zusätzlich mit einer Melonenecke garnieren (z. B. an den Glasrand stecken) oder mit je 1 Esslöffel Melonenwürfel (natürlich ohne Schale, die Würfel einfach zusammen mit der Minze in die Gläser geben) aufpeppen.

Gewürzmischungen

für Kartoffeln, Fleisch und mehr

Diese Gewürzmischungen kannst du gut vorbereiten. Du solltest sie nicht zu lange aufbewahren, da sie an Geruch und Geschmack verlieren. Schön ist es, das Gewürz in hübsche kleine Gläser abzufüllen und zu beschriften, und auch Freunde und Oma und Opa an deinen Würzexperimenten teilhaben zu lassen.

Griechisches Gewürz „El Greco"

3 TL Oregano, gerebelt
2 TL Thymian, gerebelt
1 TL Salz
1 ½ TL frisch gem. Pfeffer
1 ½ TL Paprikapulver, edelsüß
1 TL Majoran, gerebelt
1 TL brauner Zucker
1 TL Zwiebelpulver
1 TL Knoblauchpulver
1 TL Rosmarin, geschnitten
1 TL Korianderpulver
½ TL Kreuzkümmel (Cumin), gem.
½ TL Chilipulver

Mixe alle Zutaten im Blitzhacker kurz auf und fülle die Mischung in luftdichte Gläser.

Verwendung: Fertige Pommes in eine ausreichend großen Schüssel geben, mit dem Gewürzsalz würzen und gut durchschwenken.
Kartoffelecken vor dem Backen im Ofen mit dem Gewürz marinieren.
Salate sowie Salatsaucen und Dips damit verfeinern.
Geschnetzeltes vor dem Braten mit der Gewürzmischung, Zwiebelstreifen und etwas Öl vorwürzen (marinieren).

Hähnchengewürz „Witwe Bolte"

2 EL Meersalz
2 EL Paprikapulver, edelsüß
1 EL Currypulver mild
½ EL Korianderpulver
½ EL Majoran, gerebelt
½ EL Rosmarin, geschnitten
½ TL frisch gem. Pfeffer
½ TL Chiliflocken
½ TL Knoblauchgranulat
½ TL frisch ger. Muskatnuss

Mixe alle Zutaten im Blitzhacker kurz auf und fülle die Mischung in luftdichte Gläser.

Verwendung: Reibe Hähnchenfleisch vor der Zubereitung damit ein.

Tipp

Haltbarkeit der Gewürzmischungen: mindestens 2 Monate, dunkel und kühl (nicht im Kühlschrank) aufbewahren.

Pommesgewürz

- 7 EL Salz
- 2 EL Paprikapulver, edelsüß
- 1 EL Currypulver mild
- ½ EL Majoran, gerebelt
- 1 Prise Chilipulver

Mixe alle Zutaten im Blitzhacker kurz auf und fülle die Mischung in luftdichte Gläser.

Verwendung: Fertige Pommes in eine ausreichend große Schüssel geben, mit dem Gewürzsalz würzen und gut durchschwenken. Kartoffelecken vor dem Backen im Ofen mit dem Gewürz marinieren.
Bratkartoffeln damit würzen.

Italienisches Gewürz

„Italowürzer"

- 120 g getrocknete Tomaten, die nicht in Öl eingelegt sind
- 50 g Röstzwiebeln
- 3 TL Basilikum, gerebelt
- 3 TL Oregano, gerebelt
- 2 TL Thymian, gerebelt
- 2 TL Rosmarin, geschnitten
- 1 TL Knoblauchgranulat

1. Zerkleinere getrocknete Tomaten und Röstzwiebeln im Blitzhacker etwa 30 Sekunden.

2. Gib sie auf ein mit Backpapier belegtes Ofenblech, verteile sie gleichmäßig und lasse sie im Backofen bei 75 °C Heißluft etwa 1 Stunde trocknen. Halte dabei die Ofentür mit Hilfe eines Kochlöffels einen Spalt geöffnet. Lass die Mischung nach dem Trocknen abkühlen.

3. Dann gib sie zusammen mit den restlichen Zutaten (je nach Größe des Blitzhackers in mehreren Durchgängen) in den Blitzhacker und zerkleinere und mische sie nochmals etwa 30 Sekunden.

4. Fülle die fertige Gewürzmischung in luftdichte Gläser.

Verwendung: Verfeinere mit dem Gewürz z. B. Nudelgerichte, Salate und Dips.

Tipp

Wer keinen Blitzhacker hat, kann die Gewürze auch in einem Mörser verarbeiten, zerkleinern und mischen. Der Mörser ist eine Reibschale, in dem man mit einem Stößel (den man auch Pistill nennt) durch kreisende, mit leichtem Druck ausgeführte Bewegungen Gewürze, Kräuter und Salz zerkleinert.

Frühstück

Kindermüsli selbst gemacht

Zutaten für etwa 1 kg Müsli

500 g kernige Haferflocken

100 g gehobelte Mandeln

100 g gehackte Haselnüsse

50 g Leinsamen

60 g Speiseöl,
z.B. Sonnenblumenöl

160 g flüssiger Honig

1. Heize den Backofen vor.
Ober-/Unterhitze: etwa 150 °C
Heißluft: etwa130 °C
Lege ein Backblech mit Backpapier aus.

2. Gib alle Zutaten in eine ausreichend große Schüssel. Vermische alles mit einem Kochlöffel, dann verteile alles auf dem vorbereiteten Backblech.

3. Schieb das Blech mit Backhandschuhen auf eine mittlere Schiene in den vorgeheizten Ofen und lass das Müsli in insgesamt etwa 40 Minuten „crunchy“ werden. Nimm das Blech zwischendurch zwei- oder dreimal vorsichtig aus dem Ofen (Achtung – Ofenhandschuhe anziehen) und verrühre die Zutaten, damit sie gleichmäßig bräunen.

4. Nach 40 Minuten nimm das Blech mit Ofenhandschuhen aus dem Ofen, stell es auf einen Rost und lass das Müsli auskühlen.

5. Fülle das abgekühlte Müsli in verschließbare Gläser oder Boxen.

Tipps

Die Haselnüsse kannst du durch Kürbis-, Cashew- oder Sonnenblumenkerne ersetzen. Auch Dinkel- oder/und Quinoapops kannst du verwenden.

Wenn du fruchtiges Müsli liebst, kannst du nach dem Backen z. B. Rosinen, getrocknete Aprikosen oder Cranberrys (beides klein geschnitten) oder getrocknete Bananenscheiben (dann wird das Müsli süßer, oder du nimmst etwas weniger Honig) untermischen.

Kindermüsli
Kindermüsli

Porridge-Variationen

Für 1 Kind

Porridge (im Bild oben):

3 geh. EL kernige Haferflocken (30 g)

250 ml kaltes Wasser

1 Prise Salz

1 TL Voll-Rohrzucker (5 g)

100 ml Milch oder Mandeldrink

1. Für das Porridge gibst du die Haferflocken, das Wasser und das Salz in einen Topf. Bringe das Gemisch nun unter Rühren mit einem Kochlöffel zum Kochen. Lass die Haferflocken zugedeckt etwa 10 Minuten bei schwacher Hitze quellen und rühre dabei gelegentlich um.

2. Nimm den Topf von der Kochstelle. Rühr den Zucker unter, dann füll das Porridge in eine kleine Schüssel oder Müslischale. Erwärme die Milch oder den Mandeldrink in dem ausgespülten Topf und gieß ihn über das Porridge.

Rezeptvariante 1:

Für ein **Beeren-Porridge** (1 Portion, im Bild unten) bringst du 3 gehäufte Esslöffel Haferflocken, 250 ml kaltes Wasser und 1 Teelöffel Bourbon-Vanille-Zucker in einem Topf unter Rühren mit einem Kochlöffel zum Kochen. Lass die Haferflocken zugedeckt etwa 10 Minuten bei schwacher Hitze quellen und rühr dabei gelegentlich um. In der Zwischenzeit kannst du 150 g gemischte Beeren (z. B. Erdbeeren, Brombeeren, Heidelbeeren) verlesen, die Stiele entfernen, sie mit kaltem Wasser abspülen und mit Küchenpapier trocken tupfen. Nimm den Topf von der Kochstelle. Rühre 1 Prise Salz und 1–2 Teelöffel Voll-Rohrzucker unter. Fülle das Porridge in eine kleine Schüssel oder Müslischale. Erwärme 100 ml Milch oder Mandeldrink in dem ausgespülten Topf und gieß ihn über das Porridge. Gib die Beeren hinzu.

Tipp

Das Porridge lässt sich auch gut vorbereiten und mitnehmen. Dafür füllst du am Vorabend das fertig zubereitete Porridge in ein Schraubglas, gießt die Milch oder den erwärmten Mandeldrink darüber, verschließt das Glas und nimmst es am nächsten Morgen mit zur Schule.

Rezeptvariante 2:

Für ein **Trockenfrüchte-Porridge** (1 Portion, im Bild Mitte rechts) bringst du 3 gehäufte Esslöffel Haferflocken oder Dinkelflocken, 250 ml kaltes Wasser, 1/4 Stange Zimt und 2–3 Pimentkörner in einem Topf bei schwacher Hitze unter Rühren mit einem Kochlöffel zum Kochen. Schneide 30 g entsteinte, getrocknete Pflaumen mit einem kleinen Messer in kleine Stücke und rühre sie mit 1 Teelöffel Rosinen unter. Bringe das Ganze unter Rühren wieder

zum Kochen und lass es zugedeckt etwa 10 Minuten bei schwacher Hitze quellen. Rühre es dabei gelegentlich um. Nimm den Topf von der Kochstelle und entferne die Gewürze. Rühre 100 ml Milch oder Mandeldrink unter. Erhitze das Porridge noch einmal kurz und serviere es dann.

Milchsuppe mit Schneeklößchen

Zutaten für 4–6 Kinder

Für die Suppe:

1 Ei (Größe M)

1 Pck. Puddingpulver Vanille-, Mandel oder Sahne-Geschmack

60 g Zucker

1 Prise Salz

1 l Milch

Schale von ½ Bio-Zitrone (unbehandelt, ungewachst)

Für die Schneeklößchen:

1 schwach geh. TL Zucker

1. Zunächst musst du Eigelb und Eiweiß trennen. Du stellst 2 Tassen bereit. Dann schlägst du das Ei an den Tassenrand, so dass die Schale bricht. Jetzt hältst du die beiden Eihälften über eine Tasse und lässt das Eigelb vorsichtig von einer Schalenhälfte in die andere gleiten, dabei läuft das Eiweiß in die Tasse, so dass am Ende nur das Eigelb in einer Schale übrigbleibt Ⓐ. Das Eigelb gibst du in die zweite Tasse.

2. Für die Suppe mischst du das Puddingpulver mit Zucker und Salz. Nach und nach rührst du diese Mischung mit mindestens 6 Esslöffeln von der Milch mit einem Schneebesen glatt Ⓑ. Rühr auch das Eigelb darunter.

3. Wasch die Zitrone heiß ab und trockne sie ab. Dann schälst du ungefähr die Hälfte der Zitronenschale mit einem Sparschäler so ab, dass nur die gelbe Schale und nicht das Weiße abgeschält wird. Gib die restliche Milch zusammen mit der Zitronenschale in einen großen Topf und bring alles zum Kochen.

4. Dann nimmst du den Topf von der Kochstelle und rührst das angerührte Puddingpulver mit einem Schneebesen ein Ⓒ. Stell den Topf wieder auf die Kochstelle und koch alles kurz auf, während du ständig rührst. Entferne die Zitronenschale aus der Suppe. Schalte das Kochfeld auf eine niedrige Stufe herunter.

5. Für die Schneeklößchen gib das Eiweiß mit dem Zucker in einen hohen Rührbecher. Schlag das Eiweiß mit einem Mixer mit Rührbesen zu festem Schnee auf.

6. Mithilfe von 2 Teelöffeln stichst du kleine Klöße vom Eischnee ab, gibst sie auf die Suppe und lässt sie mit Deckel etwa 5 Minuten gar ziehen. Die Flüssigkeit muss sich dabei leicht bewegen, darf aber nicht stark blubbern.

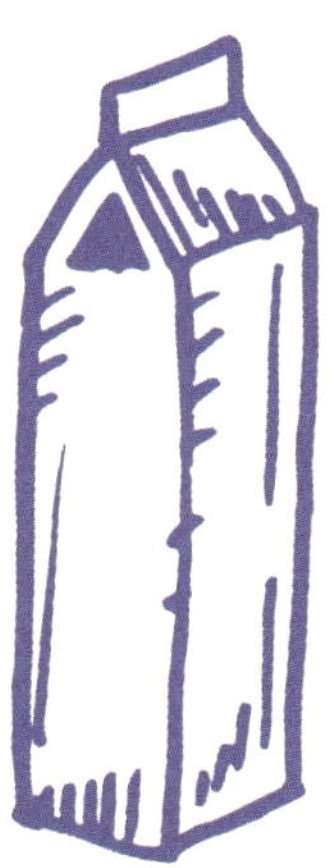

A

B

C

Variante 1: Schokoladensuppe

Bereite die Suppe mit 1 Päckchen Puddingpulver Schokoladen-Geschmack und 75 g Zucker, aber ohne Zitronenschale zu.

Variante 2: Grießsuppe

Koche 1 l Milch mit der Schale von 1 Zitrone und 1 Orange auf. Mische 60 g Weichweizengrieß, 60 g Zucker und 1 Päckchen Vanillin-Zucker, gib es unter Rühren hinzu und lass es ohne Deckel etwa 5 Minuten quellen. Diese Suppe kannst du warm oder kalt servieren.

Tipps

Du kannst die Suppe mit Zimt-Zucker bestreuen, 50 g Rosinen mitkochen oder die Suppe mit fein geschnittener Zitronenschale und Pfefferminzblättchen garniert servieren.

Rührei

Zutaten für 4–6 Kinder

6 Eier (Größe M)

6 EL Milch oder Schlagsahne

Salz

gem. Pfeffer

30 g Butter oder Margarine

2 EL Schnittlauchröllchen

1. Schlag die Eier einzeln in eine Tasse auf und gib sie in eine Schüssel. Gib Milch oder Sahne, Salz und Pfeffer hinzu und verrühre alles mit einem Schneebesen Ⓐ.

2. Erhitze Butter oder Margarine in einer Pfanne, bis sie zerlaufen ist. Gib die Eierflüssigkeit hinein Ⓑ und lass sie bei schwacher Hitze stocken.

3. Sobald die Masse zu stocken beginnst, löst du diese mit einem Pfannenwender oder Holzspatel von dem Pfannenboden, indem du die Masse immer wieder vom Rand zur Mitte schiebst Ⓒ. Das machst du so lang, bis keine Flüssigkeit mehr vorhanden ist, was ungefähr 3 Minuten dauert. Das Rührei sollte großflockig und innen noch saftig sein.

4. Serviere das Rührei bestreut mit Schnittlauchröllchen.

Tipps

Den Schnittlauch musst du mit kaltem Wasser abspülen, mit Küchenpapier trocken tupfen und über einem Teller mit einer Küchenschere in Röllchen schneiden.

Statt Milch oder Sahne kannst du auch Mineralwasser mit Kohlensäure verwenden. Dadurch wird das Rührei besonders luftig.

A

B

C

Pfannkuchen

Zutaten für 6 Kinder

250 g Weizenmehl

1 gestr. TL Salz

375 ml Milch

125 ml Mineralwasser (mit Kohlensäure)

4 Eier (Größe M)

etwa 80 g Butterschmalz oder 8 EL Speiseöl, z. B. Sonnenblumenöl

Tipps

Serviere die Pfannkuchen mit Zimt-Zucker, Ahornsirup oder Früchten.

Bereits gebackene Pfannkuchen kannst du im vorgeheizten Backofen bei Ober-/Unterhitze: etwa 80 °C oder Heißluft: etwa 60 °C warm halten.

Bestreue die einzelnen Pfannkuchen vor dem Stapeln mit ein wenig (Zimt-)Zucker. So kleben sie nicht zusammen.

1. Gib Mehl, Salz, Milch und Wasser in eine Rührschüssel und verrühr alles mit einem Schneebesen. Gib die Eier hinzu und verrühr alles zu einem glatten Teig Ⓐ, den du dann 20–30 Minuten ruhen lassen solltest.

2. Erhitze etwas Butterschmalz oder Speiseöl in einer beschichteten Pfanne. Gib mit einer Schöpfkelle etwas Pfannkuchenteig in die Pfanne und verteile den Teig gleichmäßig, indem du die Pfanne anhebst und mit einer drehenden Bewegung leicht schwenkst Ⓑ.

3. Sobald die Teigränder goldgelb sind, gibst du den Pfannkuchen vorsichtig auf einen Teller. Gib wieder etwas Fett in die Pfanne und dann den Pfannkuchen umgedreht wieder in die Pfanne Ⓒ. Die zweite Seite backst du ebenfalls goldgelb.

4. Backe den restlichen Teig auf die gleiche Weise, aber rühre ihn vor jedem Backen um.

Variante: Apfelpfannkuchen (etwa 16 Stück)

Bereite aus der Hälfte des Pfannkuchenteiges Apfelpfannkuchen zu. Entstiele 3 aromatische Äpfel, z. B. Boskop oder Cox Orange (etwa 450 g), spüle und trockne sie ab. Steche das Kerngehäuse mit einem Apfelausstecher aus. Hobel mit einem Gemüsehobel mit Fingerschutz 32 etwa 2–3 mm dicke Scheiben. Raspele den Rest der Äpfel auf der groben Seite der Haushaltsreibe mit Fingerschutz. Mische Apfelscheiben und -raspel mit jeweils 1 Esslöffel Zitronensaft. Rühre die Apfelraspel unter den Pfannkuchenteig. Erhitze in einer beschichteten Pfanne etwas Butterschmalz oder Öl. Gib für jeden Pfannkuchen einen Apfelring in die Pfanne. Gib jeweils 1–2 Esslöffel Teig darauf und bedecke den Teig mit einem weiteren Apfelring. Backe die Pfannkuchen bei schwacher Hitze 2–3 Minuten, wende sie mit einem Pfannenwender. Gib wieder etwas Fett in die Pfanne und backe sie nochmals 1–2 Minuten. Aus dem übrigen Teig backst du weitere

Pfannkuchen, insgesamt 16 Stück. Verrühre für eine Quarkcreme 150 g Speisequark mit 150 g Joghurt und 4 Esslöffeln Grenadinesirup und schmecke sie mit Zitronensaft und evtl. etwas Zucker ab.
Serviere die Pfannkuchen mit der Quarkcreme und garniere sie mit bunten Zuckerperlen.

Paprika-Omelett

Zutaten für 2–3 Kinder

1 rote Paprikaschote

3 Kirschtomaten

3 Eier (Größe M)

1 Prise ger. Muskatnuss

Salz

gem. Pfeffer

2 EL Olivenöl

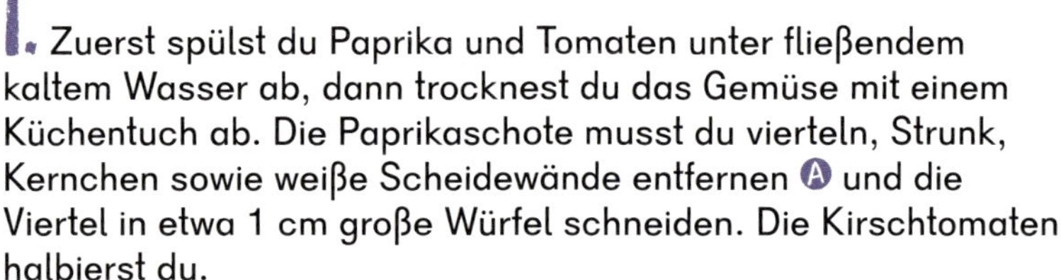

1. Zuerst spülst du Paprika und Tomaten unter fließendem kaltem Wasser ab, dann trocknest du das Gemüse mit einem Küchentuch ab. Die Paprikaschote musst du vierteln, Strunk, Kernchen sowie weiße Scheidewände entfernen Ⓐ und die Viertel in etwa 1 cm große Würfel schneiden. Die Kirschtomaten halbierst du.

2. Schlag die Eier einzeln in eine Tasse auf und gib sie dann in eine Rührschüssel. Schlag die Eier mit einem Schneebesen in 2–3 Minuten schaumig Ⓑ, würze alles mit Salz, Pfeffer und einer Prise Muskatnuss.

3. Gib das Öl in eine beschichtete Pfanne (Durchmesser etwa 20 cm) und erhitze es kurz auf mittlerer Stufe. Gib die Eiermischung vorsichtig hinein Ⓒ, dann verteilst du Paprikawürfel und Tomatenhälften auf der Eiermischung.

4. Dann lass das Omelett bei schwacher Hitze stocken. Das bedeutet, dass die flüssige Eiermasse langsam fest wird. Zwischendurch musst du immer wieder leicht an der Pfanne ruckeln, um sicher zu gehen, dass das Omelett nicht am Pfannenboden festbackt. Sobald das Omelett weitestgehend gestockt ist, klappst du es mit Hilfe eines großen Pfannenwenders in der Mitte zusammen.

5. Lass das Omelett behutsam auf einen Teller rutschen. Frisch gebacken schmeckt es am besten.

Tipps

Je nach Geschmack können weitere Zutaten, wie Zwiebel-, Salami-, Kochschinken-, Pilzwürfelchen, einige Blätter frischer, geputzter und abgespülter Blattspinat, geschnittene Frühlingszwiebeln, gehackte Kräuter oder/und frisch geriebener Käse (z.B. Mozzarella-, Gouda- oder Cheddarkäse) hinzugegeben werden.

A

B

C

Arme Ritter

Zutaten für 6 Stück

300 ml Milch

2 Eier (Größe M)

40 g Zucker

6 Scheiben Kastenweißbrot (etwa 1½ cm dick und 2–5 Tage alt)

50 g Butterschmalz oder 5 EL Speiseöl, z. B. Sonnenblumenöl

1. Verrühre in einer Schüssel die Milch mit Eiern und Zucker mit einem Schneebesen. Lege die Weißbrotscheiben nebeneinander in eine breite flache Schale, übergieße sie mit der Eiermilch und lass sie einweichen. Wende sie dabei vorsichtig 1–2mal, bis das Brot die Milch aufgesogen hat. Die Scheiben dürfen aber nicht zu weich werden und auseinanderfallen.

2. Erhitze etwas Butterschmalz oder Öl in einer beschichteten Pfanne. Brate die Brotscheiben darin portionsweise bei mittlerer Hitze von beiden Seiten etwa 8 Minuten knusprig braun. Zum Wenden verwende einen Bratenwender aus Kunststoff, damit du die Pfanne nicht zerkratzt.

Tipps

Du kannst die Armen Ritter auch als Nachtisch oder als Hauptmahlzeit essen.

Gut passen dazu Puderzucker oder Zimtzucker, Vanillesauce, Apfelmus oder Pflaumen aus dem Glas.

Pancakes

Zutaten für 2–4 Kinder (ergibt 8 Stück)

100 g Weizenmehl

½ TL Backpulver

½ TL Natron

1 Ei (Größe M)

175 g Joghurt (3,5 % Fett)

1 TL Geriebene Zitronenschale

1 Prise Salz

1 EL Zucker

1 Pck. Vanillin-Zucker

Außerdem:

2 EL Speiseöl, z. B. Sonnenblumenöl

1–2 EL Ahornsirup

1. In einer Rührschüssel vermischst du mit einem Schneebesen das Mehl mit Backpulver und Natron.

2. Trenne das Ei. Dafür schlägst du das Ei an der Kante einer Tasse auf und brichst die Schalenhälften vorsichtig auseinander. Das Eigelb lässt du von einer Schalenhälfte vorsichtig in die andere gleiten. Dabei fängst du das Eiweiß in der Tasse auf.

3. Gib das Eigelb zusammen mit Joghurt und der Zitronenschale zum Mehl in die Rührschüssel und verrühre alles zu einem glatten Teig.

4. Gib das Eiweiß und 1 Prise Salz in einen hohen Rührbecher und rühre es mit einem Mixer (Rührstäbe) schaumig. Dann gibst du Zucker und Vanillin-Zucker dazu und schlägst alles mit dem Mixer zu festem Schnee auf. Hebe das Eiweiß dann mit einem Gummischaber behutsam unter den Teig.

5. Backe aus dem Teig nacheinander 8 Pancakes. Dafür erhitzt du die Hälfte des Öls in einer beschichten Pfanne. Zunächst backst du 4 Pancakes und gibst für jeden Pancake etwa 1 Esslöffel Teig in die Pfanne. Backe die Pancakes bei mittlerer Hitze von beiden Seiten etwa 3 Minuten goldbraun. Wende sie zwischendurch mit einem Pfannenwender. Nimm die Pancakes heraus, gib das restliche Öl in die Pfanne und backe die restlichen Pancakes ebenso.

6. Richte die Pancakes auf Tellern an. Verteile den Ahornsirup auf den Pancakes.

Variante: Heidelbeer-Pancakes

Verlese 125 g Heidelbeeren, spüle sie mit kaltem Wasser ab, lasse sie gut abtropfen und hebe sie zusammen mit dem geschlagenen Eiweiß unter den Teig.

Snacks und Salate

DEPT.

Tomatenketchup selber machen

Zutaten für etwa 680 ml

1 Dose passierte Tomaten (400 g)

200 g Tomatenmark (3-fach konzentriert)

60 g Balsamico-, Kräuter- oder Apfelessig

1 gestr. TL mildes Currypulver

1 gestr. TL Paprika, edelsüß

1 Prise Zimt

1 TL Salz

2 TL flüssiger Honig oder Agavendicksaft

2 TL Speiseöl, z. B. Sonnenblumenöl

1. Gib alle Zutaten in eine Schüssel. Verrühr alles gründlich mit einem Schneebesen. Oder mix alles in einem hohen Mixbecher mit einem Pürierstab.

2. Füll den fertigen Ketchup in saubere Gläser mit Schraubverschluss und stell ihn fest verschlossen in den Kühlschrank.

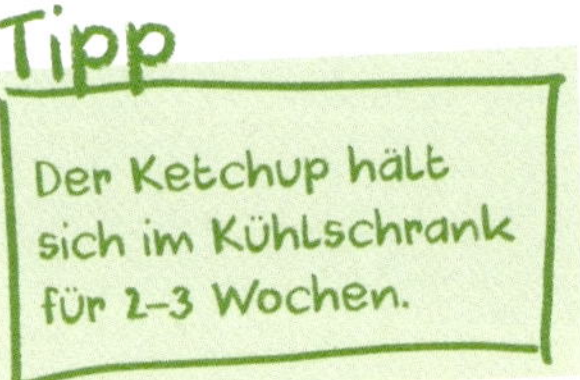

Tomaten
Ketchup

Pesto

Zutaten für 8 Kinder

50 g Pinienkerne

2–3 Knoblauchzehen

1 TL Salz

etwa 8 EL grob zerschnittene Basilikumblättchen

50 g ger. Pecorino

50 g ger. Parmesan

(oder insgesamt
100 g ger. Parmesan)

200 ml Olivenöl

1. Röste die Pinienkerne in einer Pfanne ohne Fett an, bis sie goldgelb sind, rühre dabei immer mit einem Pfannenwender um Ⓐ. Achtung – die Kerne werden rasch dunkel und schmecken dann bitter. Gib die gerösteten Kerne auf einen Teller und lass sie erkalten.

2. Zieh von den Knoblauchzehen mit einem kleinen Messer die trockene Haut ab. Wasche das Basilikum, tupfe es trocken. Zupfe die Blättchen ab Ⓑ und schneide sie mit einem großen Messer auf einem Brett etwas kleiner Ⓒ.

3. Gib den Knoblauch zusammen mit Salz, gerösteten Pinienkernen und Basilikumblättchen in einen Messbecher oder hohen, schmalen Rührbecher und püriere die Mischung mit einem Pürierstab.

4. Gib beide Käsesorten hinzu und püriere das Gemisch noch einmal.

5. Gib zum Schluss langsam das Öl hinzu und püriere alles weiter, bis ein dickflüssiges Pesto entstanden ist.

Variante: Tomaten-Pesto (Rotes Pesto)

Verarbeite 340 g getrocknete, eingelegte Tomaten (aus dem Glas), 50 g geröstete gehobelte Mandeln, 2–3 Knoblauchzehen, etwa 10 Basilikumblättchen und 150 ml Olivenöl wie im Rezept beschrieben (jedoch ohne Käse).

Verwendung

Du kannst das Pesto auf kleine Brotscheiben streichen und als Vorspeise vor dem Essen servieren.
Wenn du Nudeln mit Pesto servieren möchtest, verrührst du das Pesto mit 1–2 Esslöffeln von dem heißen Nudelwasser und servierst es mit den Nudeln vermengt.

Frischkäse-Brote

Zutaten für 8 Kinder

1 kleines Bund Schnittlauch

175 g Doppelrahm-Frischkäse

75 g Crème fraîche

½ TL Paprikapulver, edelsüß

Salz

gem. Pfeffer

etwas flüssiger Honig

8 Scheiben von deinem Lieblingsbrot, z. B. Weltmeisterbrot

1. Spüle den Schnittlauch ab, tupfe ihn trocken und schneide ihn in Röllchen.

2. Gib den Frischkäse, die Crème fraîche, die Schnittlauchröllchen sowie das Paprikapulver in eine Schüssel und verrühre alles mit einem Schneebesen. Dann kannst du die Creme mit etwas Salz, Pfeffer und Honig abschmecken.

3. Bestreiche die Brotscheiben (Brot vom Vortag kannst du bei Bedarf kurz toasten) mit der Creme. Danach kannst du die Brote noch bunt belegen.

Ideen zum Belegen:

* mit blanchierten (kurz in kochenden Wasser gegarten) Möhrenstäbchen, Gemüsechips und Kräutern
* mit Radieschen, Frühlingszwiebeln und Kräutern
* mit Gurke und Kräutersalz oder Italienisches Gewürz (Seite 15)
* mit jungem Gouda und süßem Senf
* mit Avocado, Eischeiben und Kräutersalz oder Italienisches Gewürz (Seite 15)
* mit Avocado, Tomatenscheiben und Röstzwiebeln
* mit Geflügelaufschnitt und Cornichons
* mit Salami (z. B. Sommerwurst) und Champignonscheiben
* mit luftgetrocknetem Schinken und Käsescheiben
* mit Spiegelei (von beiden Seiten gebraten, Eigelb soll nicht mehr flüssig sein) und Schnittlauchröllchen
* mit Frikadelle (Frikadelle in Scheiben geschnitten) und Röstzwiebeln
* mit Bockwurst (dicke, kurze Bockwurst in Scheiben geschnitten) und mildem Senf
* mit Räucherlachsscheiben, gerösteten Erdnüssen und Kräutern

Tipp

Sind die Brote zum Mitnehmen gedacht, einfach eine zweite Brotscheibe auflegen, leicht andrücken und in Butterbrotpapier wickeln.

Tramezzini

Zutaten für 4 Kinder

⅓ Salatgurke

1 Möhre

2 EL Salat-Mayonnaise

100 g Doppelrahm-Frischkäse

Salz

gem. Pfeffer

1 Handvoll grüner Salat

6 große Scheiben Toastbrot

1 Tomate

2 Scheiben Käse, z. B. Gouda, Edamer, Emmentaler oder Cheddar

2 Scheiben Kochschinken

Tipp

Wenn ihr einen Kontaktgrill (ein elektrisches Grillgerät mit einer Grillplatte von unten und oben) besitzt, könnt ihr die Tramezzini darin noch kurz von außen knusprig grillen und erwärmen.

1. Für die Creme spüle die Gurke unter fließend kaltem Wasser ab und trockne sie mit Küchenpapier ab. Schneide die Enden der Gurke ab. Dann kannst du aus dem Inneren mit Hilfe eines Löffels das Kerngehäuse entfernen. Dafür steckst du den Löffel in das Kerngehäuse und kannst durch drehende Bewegungen den weichen Kern herauskratzen Ⓐ.

2. Die Möhre musst du nur schälen. Raspele dann die Gurke und die Möhre vorsichtig auf einer Haushaltsreibe mit Fingerschutz.

3. Gib die Gurken- und die Möhrenraspel in eine Schüssel. Füge Salat-Mayonnaise und den Frischkäse dazu, mische alles mit einem Löffel und würze mit etwas Salz und Pfeffer.

4. Den Salat musst du verlesen, in kaltem Wasser waschen und gut trocken schleudern.

5. Vom Toastbrot schneidest du mit einem Brotmesser die Rinde weg Ⓑ. Die Tomate wird abgespült und abgetrocknet, dann schneidest du sie mit einem kleinen Messer in Scheiben, dabei schneidest du zusätzlich den Stängelansatz ab.

6. Bestreiche alle Toast-Scheiben dünn mit der Gurken-Möhren-Creme. Lege die Salatblätter auf 4 Toastscheiben. Bei 2 der mit Salat belegten Toasts kommt jeweils 1 Scheibe Käse, auf die anderen 2 Toasts kommt der Kochschinken. Toppe dann den Käse mit jeweils 2 Tomatenscheiben und den Kochschinken mit je 1 Tomatenscheibe.

7. Lege die Kochschinkentoasts auf die Käsetoasts und dann eine unbelegte Scheibe mit der Creme-Seite nach unten ganz obenauf. Drücke die Brote leicht zusammen und schneide sie vorsichtig diagonal durch Ⓒ.

A

B

C

Varianten:

Anstelle von Kochschinken 6 Scheiben Salami oder eine halbe Avocado verwenden. Dabei die Avocado halbieren, den Kern entfernen und das Fruchtfleisch mit Hilfe eines Löffels aus der Schale heben. Eine Avocadohälfte in 6 Streifen schneiden und die andere Hälfte mit einer Gabel zerdrücken und unter die Frischkäsecreme rühren.
Anstelle der geraffelten Gurke für die Basiscreme Thunfisch (1 kleine Dose im eigenen Saft, 80 g Abtropfgewicht) mit einer Gabel zerkleinern und in die Creme rühren. Und anstelle von Käse und Kochschinken dann auf beiden Etagen mit jeweils 1 Scheibe Räucherlachs (Gesamtmenge dann 100 g geschnittener Räucherlachs) belegen.

Pita-Teigtaschen

Zutaten für 4 Kinder

350 g Hähnchen- oder Putenbrustfilet

1 kleine Zwiebel

2 EL Griechisches Gewürz (Seite 14)

3 EL Speiseöl, z. B. Sonnenblumenöl

¼ Salatgurke

1 Tomate

⅛ Eisbergsalat

200 g Joghurt (3,5 % Fett)

4 Pitabrote

Salz

gem. Pfeffer

etwas Griechisches Gewürz zum Garnieren

1. Tupfe das Hähnchen- oder Putenbrustfilet mit Küchenpapier trocken und schneide es mit einem kleinen Messer in mundgerechte Streifen Ⓐ.

2. Zieh von der Zwiebel die trockene Haut ab Ⓑ. Dann kannst du die Zwiebel halbieren und in dünne Streifen schneiden.

3. Verrühr in einer kleinen Schüssel das griechische Gewürz mit dem Sonnenblumenöl. Gib das geschnittene Fleisch und die Zwiebelstreifen dazu, dann misch alles gut mit einem Esslöffel. Lass das Fleisch etwa 30 Minuten durchziehen.

4. Inzwischen kannst du das Gemüse vorbereiten. Die Salatgurke musst du abspülen, abtrocknen und längs halbieren. Eine Hälfte der Gurke kannst du quer in dünne Halbmonde (halbe Scheiben) schneiden. Die andere Hälfte raspelst du vorsichtig auf einer Haushaltsreibe mit Finderschutz. Bestreue die Gurkenraffel mit einer Prise Salz (das entwässert die Gurke und der Gurken-Joghurtdip ist später nicht so flüssig), vermenge die Raffel und stelle sie noch kurz zur Seite.

5. Spüle die Tomate ab und reibe sie trocken. Den Stielansatz kannst du mit einem kleinen Schälmesser behutsam herausschneiden oder z. B. mit einer Lochtülle ausstechen. Danach kannst du die Tomate halbieren und in dünne Scheiben schneiden.

6. Schneide den Eisbergsalat in Streifen, wasche ihn und schleudere ihn in einer Salatschleuder trocken.

7. Nimm die Gurkenraspel in beide Hände und drücke sie über dem Waschbecken gut aus. Gib sie in eine Schüssel. Gib den Joghurt dazu und würze den Dip mit etwas Salz und Pfeffer.

8. Als nächstes erhitzt du eine beschichtete Pfanne auf dem Herd. Zusätzliches Öl ist nicht nötig. Gib das marinierte Fleisch in die Pfanne und brate es rundherum kurz an, rühre die Fleischstreifen mit einem Holzspatel immer wieder um.

9. Schneide mit einem Brotmesser in jedes Pitabrot eine Tasche C. Wenn du magst, kannst du die Brote auch kurz im Toaster erwärmen.

10. Gib die vorbereiteten Gurken, Tomaten und Salatstreifen sowie das angebratene Geflügelfleisch in die Pita-Taschen. Löffel jeweils etwas vom Joghurtdip darüber.

Tipp

Anstelle von Geflügelfleisch kannst du Falafel- oder Gemüseballchen aus dem Kühlregal verwenden.

Wraps

Zutaten für 6 Kinder

2 Hähnchenbrustfilets, insgesamt etwa 350 g

1 geh. EL Hähnchengewürz (Seite 14)

3 EL Speiseöl, z. B. Sonnenblumenöl

1 gute Handvoll grüner Salat, z. B. Eisbergsalat

1 kleine Dose Mais (Abtropfgewicht 140 g)

je 1 rote und gelbe Paprika

100 g Kirschtomaten

1 kleines Bund Schnittlauch

175 g Doppelrahm-Frischkäse

75 g Crème fraîche

½ TL Paprikapulver, edelsüß

Salz

gem. Pfeffer

6 Tortillafladen (Wraps; etwa 24 cm Durchmesser)

1. Tupfe das Hähnchenbrustfilet mit Küchenpapier trocken. Schneide dann Fett, Sehnen sowie blutige Adern mit einem kleinen Messer ab. Das Fleisch schneidest du in dünne Streifen. Verrühr in einer Schüssel das Öl mit dem Hähnchengewürz. Gib die Fleischstreifen hinein und misch alles mit einem Löffel gut durch. Dann mariniere sie (lass sie mit dem Gewürz durchziehen!)

2. Den Salat musst du putzen, verlesen, in Streifen schneiden, waschen, trocken schleudern und in eine ausreichend große Schüssel geben.

3. Lass den Mais in einem Küchensieb abtropfen und gib ihn zum Salat. Spüle Paprika und Tomaten unter fließend kaltem Wasser ab. Trockne das Gemüse ab. Die Paprika musst du vierteln, dann kannst du Stielansatz, Kerngehäuse und weiße Scheidewände wegschneiden. Die Viertel kannst du dann in schmale Streifen schneiden und zum Salat geben. Die Tomaten solltest du längs vierteln und ebenfalls zum Salat geben. Dann mische alle Zutaten in der Schüssel behutsam durch.

4. Spüle den Schnittlauch ab, tupfe ihn trocken und schneide ihn in Röllchen Ⓐ. Gib die Schnittlauchröllchen in eine kleine Schüssel. Gib auch den Frischkäse, die Crème fraîche und das Paprikapulver dazu. Verrühre alles und schmecke mit Salz und Pfeffer ab.

5. Stell eine beschichtete Pfanne auf den Herd, erhitze sie auf mittlerer Stufe. Gib die vorgewürzten Hähnchenstreifen (man sagt auch „marinierte Hähnchenstreifen“) hinein und brate sie bei mittlerer Hitze in 2–3 Minuten rundherum an. Dabei die Stücke mit einem Pfannenwender umrühren. Du kannst sie dabei mit etwas Salz und Pfeffer würzen.

6. Die Tortillafladen belegst du am besten in 2 Durchgängen. Erhitze sie kurz in der Mikrowelle oder in einer Pfanne Ⓑ, bis sie leicht warm sind. Anschließend bedeckst du sie mit einem feuchtem Tuch, damit sie nicht austrocknen.

A

B

C

7. Die ersten 3 Fladen bestreichst du mit der Hälfte der Frischkäsecreme. Dabei solltest du rundherum den Rand (etwa 2 cm breit) frei lassen. Verteil die Hälfte der Salatmischung und die Hälfte vom angebratenen Hähnchen auf den 3 Fladen.

8. Klappe die Fladen von 2 gegenüberliegenden Seiten aus etwas ein. Dann kannst du sie von einer nicht eingeklappten Seite beginnend aufrollen C. Halbiere die Rollen dann in der Mitte leicht schräg mit einem Messer und richte sie auf Tellern oder einer Platte an.

9. Die restlichen Fladen bereitest du ebenso zu.

Tipps

Sind die Wraps zum Mitnehmen (Schule, Ausflug, Picknick, Radtour o.ä.) gedacht, solltest du sie nach dem Einrollen in Butterbrotpapier wickeln.

Anstelle des Hähnchens kannst du auch in Streifen geschnittene Salami oder Kochschinken mit in den Wrap einrollen.

Tortilla

Zutaten für 6 Kinder

750 g vorwiegend festkochende Kartoffeln

1 Knoblauchzehe

je 1 kleine rote und grüne Paprikaschote

3 Frühlingszwiebeln

3 EL Olivenöl

Salz

gem. Pfeffer

6 Eier (Größe M)

80 g geraspelter Manchego (spanischer Schafskäse)

10 abgetropfte, grüne Oliven (ohne Stein)

1. Zuerst musst du die Kartoffeln mit einem Sparschäler schälen, abspülen, abtropfen lassen und in 2 cm große Würfel schneiden. Vom Knoblauch zieh die trockene Haut ab, dann drück den Knoblauch durch eine Knoblauchpresse.

2. Halbiere die Paprikaschoten, entferne die Stiele, die Kerne und die weißen Scheidewände. Spüle die Schoten ab, lasse sie abtropfen und schneide sie in Würfel. Putze die Frühlingszwiebeln (d. h. schneide die Wurzeln und die welken Blätter ab), spüle sie ab, lass sie abtropfen und schneide sie danach in ½ cm dicke Scheiben.

3. Erhitze 2 Esslöffel Olivenöl in einer für den Backofen geeigneten, nicht zu kleinen Pfanne. Brate darin die Kartoffelwürfel etwa 5 Minuten bei starker Hitze von allen Seiten an und würze sie kräftig mit Salz und Pfeffer. Brate die Kartoffelwürfel dann noch zudeckt etwa 8 Minuten bei mittlerer Hitze.

4. Heize den Backofen vor.
Ober-/Unterhitze: etwa 180 °C
Heißluft: etwa 160 °C

5. Rühre den Knoblauch, die Paprikawürfel und die Frühlingszwiebeln unter die Kartoffeln und brate alles kurz mit an. Danach gibst du alles in eine Schüssel und lässt es etwas abkühlen.

6. Schlage die Eier einzeln in eine Tasse auf und gib sie dann in eine große Schüssel. Verrühr sie mit einem Schneebesen mit Salz und Pfeffer, dem Manchego und den Oliven. Gib die Kartoffeln dazu. Vermische alles vorsichtig mit einem Kochlöffel miteinander.

7. Erhitze das restliche Olivenöl in der Pfanne. Gib die Kartoffel-Masse hinein und lass sie etwa 1 Minute bei mittlerer Hitze stocken.

8. Schieb dann die Pfanne mit Ofenhandschuhen in den vorgeheizten Ofen. Lass die Tortilla etwa 20 Minuten garen.

9. Serviere sie anschließend in der Pfanne, die du auf einen Kuchenrost stellst oder stürze sie zum Auskühlen auf eine Platte.

Bunter Salat mit Ei

Zutaten für 4 Kinder

2 Eier (Größe M)

1 kleine Dose Mais (Abtropfgewicht 140 g)

1 kleine Dose Kidneybohnen (Abtropfgewicht 125 g)

1 kleiner Kopf Lollo Rosso (grüner, krauser Salat)

1 Bio-Limette (unbehandelt, ungewachst)

150 g Joghurt (3,5% Fett)

2 EL Joghurt-Salatcreme

1 EL süßer Senf

Salz

gem. Pfeffer

1 EL flüssiger Honig

1 geh. TL italienische Gewürzmischung

250 g Cocktailtomaten

je 1 rote und gelbe Paprika

Tipp

Wenn du gern Käse isst, lass 1 Kugel Mozzarella (125 g) abtropfen, schneid den Käse in Stücke und gib diese mit in den Salat.

1. Zuerst musst du die Eier hartkochen. Gib etwa 1 l Wasser in einen kleinen Topf und bring das Wasser zugedeckt zum Kochen. Leg die Eier vorsichtig mithilfe eines Esslöffels in das Wasser und koch die Eier etwa 10 Minuten, bis sie durchgegart sind. Gieß die Eier in ein Sieb ab, lass kaltes Wasser darüber laufen und lass die Eier abkühlen.

2. Öffne die Mais- und Bohnendose mit einem Dosenöffner. Gib Mais und Bohnen in ein Küchensieb und lass sie abtropfen.

3. Schneide vom Lollo Rosso mit einem kleinen Küchenmesser den Strunk kreisförmig heraus - so lösen sich die Salatblätter fast von selbst ab. Die welken, unansehnlichen Blätter wirfst du weg. Die übrigen Blätter in einem großen Sieb unter fließendem kalten Wasser abspülen, dann gut trocken schütteln. Fertig geputzte Salatblätter bis zur Verwendung kalt stellen.

4. Wasch die Limette und reibe sie trocken. Reibe etwas Schale mit einer Zitrusreibe von der Frucht ab. Dann halbierst du die Limette mit einem Messer und presst den Saft mit einer Saftpresse aus.

5. Gib den Joghurt, die Salatcreme und den Limettenabrieb sowie den Limettensaft in eine ausreichend große Salatschüssel. Verrühre alles mit einem Schneebesen, bis eine glatte Masse entstanden ist. Schmecke die Sauce mit etwas Salz, Pfeffer und Honig ab.

6. Wasch die Tomaten und die Paprika unter fließendem kaltem Wasser, dann trockne das Gemüse ab. Die Tomaten werden halbiert. Die Paprika musst du vierteln und den Stiel abschneiden. Dann schneidest du die weißen Scheidewände heraus und entkernst die Paprika. Anschließend kannst du die Paprika in mundgerechte Stücke (z. B. Rauten) schneiden.

7. Gib alle vorbereiteten Salatzutaten (bis auf die Eier) in das Dressing, misch alles mit zwei großen Löffeln. Die gekochten Eier werden gepellt und per Hand oder mit einem Eierschneider in Scheiben geschnitten.

8. Verteil den Salat auf Tellern und leg die Eierscheiben darauf.

Apfel-Möhren-Salat

Zutaten für 4–6 Kinder

250 g säuerliche Äpfel, z. B. Elstar, Cox Orange

400 g Möhren

Für die Sauce:

3 EL Zitronensaft

3 EL Orangensaft

1–2 TL Zucker oder flüssiger Honig

Salz

1 TL Rapsöl

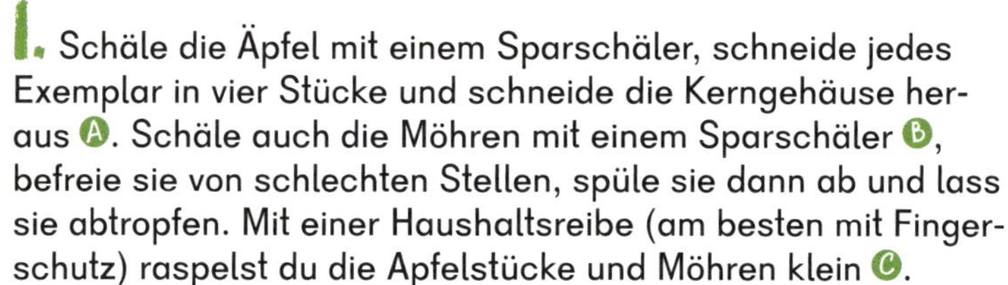

1. Schäle die Äpfel mit einem Sparschäler, schneide jedes Exemplar in vier Stücke und schneide die Kerngehäuse heraus **A**. Schäle auch die Möhren mit einem Sparschäler **B**, befreie sie von schlechten Stellen, spüle sie dann ab und lass sie abtropfen. Mit einer Haushaltsreibe (am besten mit Fingerschutz) raspelst du die Apfelstücke und Möhren klein **C**.

2. Für die Sauce verrührst du den Zitronensaft und den Orangensaft mit Zucker oder Honig und 1 Prise Salz mit einem Schneebesen. Dann gib das Rapsöl dazu und vermische alles mit einem Schneebesen.

3. Vermenge die geraspelten Äpfel und Möhren mit der Sauce und schmecke den Salat mit ganz wenig Zucker ab.

Tipps

Du kannst die Sauce zusätzlich mit 1 Messerspitze gemahlenem Ingwer würzen.

Zusätzlich kannst du auch noch 150 g Crème fraîche unter die Sauce rühren.

A

B

C

Gurkensalat

Zutaten für 4 Kinder

Für den Salat:

500 g Salatgurken

Für die Sauce:

1 kleine Zwiebel

2 EL Kräuteressig

Salz

gem. Pfeffer

1 Prise Zucker

3 EL Speiseöl, z. B. Sonnenblumenöl

2 EL klein geschnittene Kräuter, z. B. Dill, Petersilie

1. Schäle die Gurken und schneide die Enden ab. Schneid die Gurken dann quer in feine Scheiben. Du kannst dafür auch einen Hobel verwenden – aber nur einen mit Fingerschutz.

2. Für die Sauce ziehst du die trockene Haut der Zwiebel ab und schneidest sie anschließend in möglichst kleine Würfel.

3. In einer Schüssel verrühre den Essig mit etwas Salz, Pfeffer und Zucker mit einem Schneebesen. Gib das Öl dazu und verschlage alles mit einem Schneebesen. Rühre anschließend die Zwiebelwürfelchen und Kräuter unter die Sauce

4. Dann kommen auch die Gurkenscheiben dazu. Vermenge die Gurkenscheiben mit der Sauce

Kartoffel-Gurkensalat

Zutaten für 4 Kinder

600 g festkochende Kartoffeln

1 Zwiebel

80 g abgetropfte Gewürzgurken (aus dem Glas)

4 EL Salatmayonnaise

3 EL Gurkenflüssigkeit (aus dem Glas)

1 TL mittelscharfer Senf

1 Snackgurke

Salz

gem. Pfeffer

1. Wasch die Kartoffeln gründlich und gib sie in einen Topf. Füll den Topf mit Wasser auf, sodass die Kartoffeln knapp bedeckt sind und bring das Wasser zum Kochen. Leg einen Deckel auf den Topf und lass die Kartoffeln bei mittlerer Hitze 20–25 Minuten kochen, bis sie gar sind.

2. Wenn die Kartoffeln gar sind, gießt du sie in ein Sieb ab, lässt sie abtropfen und etwas abkühlen, bis sie nicht mehr so heiß sind. Danach kannst du sie mit einem kleinen Messer pellen, in Scheiben schneiden und in eine große Schüssel geben. Zieh die trockene Haut von der Zwiebel ab und schneide die Zwiebeln in kleine Würfel. Die Gewürzgurken schneidest du dann in Scheiben.

3. In einer Schüssel verrühre die Salatmayonnaise mit der Gurkenflüssigkeit und dem Senf. Gib Zwiebelwürfel, Gurkenscheiben und Eierscheiben mit den abgekühlten Kartoffelscheiben zur Sauce und vermisch alles vorsichtig mit 2 großen Löffeln. Kurz vor dem Servieren schälst du die Snackgurke, halbierst und entkernst sie. Schneide die Gurke in Scheiben und mische sie unter den Salat. Würz den Salat mit etwas Salz und Pfeffer und lass ihn im Anschluss mindestens 30 Minuten durchziehen.

Tipp

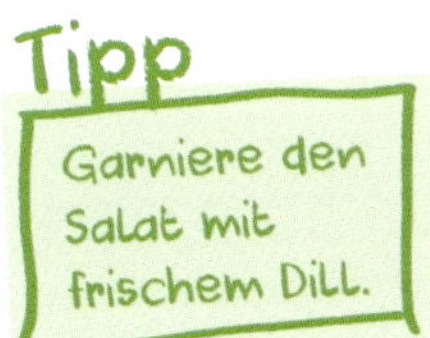

Garniere den Salat mit frischem Dill.

Kopfsalat mit Joghurtsauce

Zutaten für 4 Kinder

1 Kopfsalat

250 g Joghurt (3,5 % Fett)

Saft von 1–2 Zitronen

Zucker oder Honig

1 Prise Salz

gem. Pfeffer

1. Putze den Salatkopf und entferne äußere schlechte Blätter Ⓐ. Löse die Salatblätter von ihrem Strunk und spüle sie unter Wasser ab. Schleudere sie in einer Salatschleuder trocken und zupfe die Blätter in kleinere Stücke Ⓑ.

2. Für die Sauce verschlägst du den Joghurt und den Zitronensaft in einer Schüssel mit einem Schneebesen und schmeckst sie mit Zucker oder Honig, Salz und Pfeffer ab.

3. Vermenge die Salatblätter mit der Sauce Ⓒ.

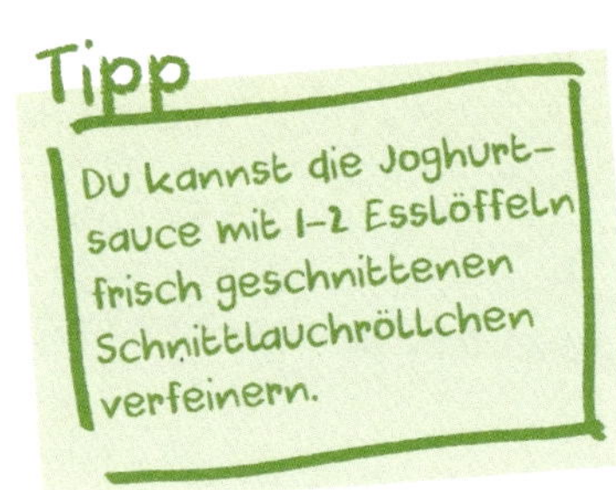

Tipp

Du kannst die Joghurtsauce mit 1–2 Esslöffeln frisch geschnittenen Schnittlauchröllchen verfeinern.

A
B
C

Tomatensalat

Zutaten für 4 Kinder

500 g kleine bunte Snacktomaten (Kirsch- oder Cocktailtomaten tun's auch)

1 kleine rote oder weiße Zwiebel

Salz

gem. Pfeffer

2 EL Rotweinessig

5 EL Olivenöl

1. Gib die Tomaten in ein großes Sieb und lass kaltes Wasser darüber laufen. Dann lass die Tomaten gut abtropfen.
2. Zieh von der Zwiebel die trockene Haut ab, dann schneide die Zwiebel in kleine Würfel.
3. Halbiere die Tomaten und gib sie in eine Schüssel. Gib die Zwiebelwürfel dazu und würze alles mit etwas Salz und Pfeffer.
4. Träufele den Essig und das Öl über die Tomaten und vermisch alles behutsam mit zwei großen Löffeln.
5. Lass den Salat etwa 30 Minuten durchziehen.

Tipps

Wenn du keine Zwiebeln magst, lass sie einfach weg oder gib feingeschnitten Schnittlauch oder in Streifen geschnittene Basilikumblättchen darüber.

Der Salat ist natürlich vielfältig erweiterbar. So kannst du ihn zusätzlich mit etwa 75 g gewaschenen, halbierten Weintrauben und 50 g klein gebröseltem Fetakäse verfeinern.

Nudelsalat

Zutaten für 4–6 Kinder

1,5 l Wasser

2 gestr. TL Salz

150 g Spiralnudeln

100 g TK-Erbsen

175 g abgetropfte Mandarinen (aus der Dose)

1 kleines Bund Frühlingszwiebeln

150 g Fleischwurst

80 g junger Gouda, am Stück

Für die Sauce:

60 g Salatmayonnaise

100 g Joghurt (3,5% Fett)

2–3 EL Zitronensaft

3–4 EL Mandarinensaft (von den abgetropften Mandarinen)

Salz, gem. Pfeffer, Zucker

einige Stängel Dill

1. Bring Wasser in einem ausreichend großen Topf zugedeckt zum Kochen. Dann gibst du Salz und die Nudeln hinein und kochst sie mit mittlerer Hitze im geöffneten Topf. Siehe auf der Packungsanleitung nach, wie lang die Nudeln gekocht werden müssen, bis sie bissfest sind. Gib 1 Minute, bevor die Nudeln fertig sind, die TK-Erbsen mit in das Nudelwasser und lasse sie mitkochen.

2. Gib die Nudeln mit den Erbsen anschließend in ein Sieb, spül sie mit kaltem Wasser ab und lass sie sehr gut abtropfen.

3. Öffne die Dose mit den Mandarinen und fülle den Saft in ein Glas oder in einen Becher, den brauchst du noch. Putze die Frühlingszwiebeln, spüle sie ab, lass sie abtropfen und schneide sie danach in Scheiben. Ziehe von der Fleischwurst die Pelle ab. Wenn der Käse eine Rinde hat, entfernst du auch diese. Danach schneidest du die Wurst und den Käse in Würfel, die ungefähr 1 cm groß sind.

4. Für die Sauce verrührst du die Mayonnaise mit dem Joghurt, Zitronensaft und Mandarinensaft. Würze das Gemisch mit etwas Salz, Pfeffer und Zucker.

5. In einer großen Schüssel vermischst du die Nudeln mit den Mandarinen, Frühlingszwiebelscheiben, Fleischwurststücken und Käsestücken mit zwei großen Löffeln. Gib die Sauce darüber und vermische alles. Lass den Nudelsalat kurz durchziehen.

6. Inzwischen spül den Dill ab und tupf ihn mit einem Küchentuch trocken. Zupfe die Spitzen von den Stängeln und zerschneide sie grob. Anschließend kannst du den Nudelsalat anrichten und mit Dill bestreut servieren.

Eiersalat

Zutaten für 6 Kinder

6 Eier (Größe M)
1 Stange Staudensellerie
2 Frühlingszwiebeln
3 EL Salatmayonnaise
2 EL Crème fraîche
1 TL mittelscharfer Senf
1 TL Currypulver
Salz
gem. Pfeffer
1 Prise Zucker
Zitronensaft
Worcestersauce

1. Pieke die Eier am dicken runden Ende mit einem Eierpick an Ⓐ. Koche die Eier 10 Minuten lang in einem Eierkocher oder gib sie mit einem Löffel in einen Topf mit kochendem Wasser Ⓑ. Schrecke sie danach auf einem Löffel unter kaltem Wasser ab Ⓒ und pelle sie.

2. Putze die Staudensellerie und die Frühlingszwiebel, d. h. schneide alles Trockene und Welke ab. Spüle das Gemüse ab und lass es abtropfen. Schneide den Sellerie und die Frühlingszwiebeln quer in dünne Scheiben bzw. Ringe.

3. Für die Sauce verrührst du Mayonnaise, Crème fraîche, Senf und Currypulver mit einem Schneebesen. Gib anschließend etwas Salz, Pfeffer, Zucker, Zitronensaft und Worcestersauce hinzu, bis die Sauce dir schmeckt.

4. Mit einem Eierschneider oder einem Messer schneidest du die Eier in kleine Würfel und gibst sie zusammen mit den Selleriestücken und den Zwiebelringen in die Sauce.

5. Vermische alles vorsichtig mit zwei großen Löffeln und lass den fertigen Salat am besten über Nacht im Kühlschrank ziehen.

Tipps

Besonders lecker schmeckt der Eiersalat auf einem frisch gebackenem Vollkornbrot zusammen mit Schnittlauchröllchen und Radieschenscheiben oder auf einem Vollkornbrötchen mit grünem Salat, einigen Scheiben Avocado und knusprig gebratenen Baconscheiben.

A

B

C

Zum Sattessen

FAVORIT

Erbsencremesuppe

Zutaten für 4–6 Kinder

1 Zwiebel

2 EL Butter oder Margarine

500 g TK-Erbsen

150 g TK-Suppengemüse

500 ml Gemüsebrühe

Saft von ½ Zitrone

200 g Schlagsahne

Salz

gem. Pfeffer

ger. Muskatnuss

evtl. einige EL Kartoffelpüree-Flockenpulver

4–6 TL Crème fraîche, natur oder mit feinen Kräutern

1. Ziehe von der Zwiebel die trockene Haut ab und schneide die Zwiebel mit einem kleinen Messer in kleine Würfel.

2. Gib die Butter oder Margarine in einen Topf und stelle ihn auf die Kochstelle. Bei niedriger oder mittlerer Hitze zerlässt du die Butter oder Margarine. Dünste die Zwiebelwürfelchen darin an. Das heißt, dass du wartest, bis sie glasig geworden sind. Gib die gefrorenen Erbsen und das gefrorene Suppengemüse dazu und dünste es unter Rühren mit einem Kochlöffel kurz mit an.

3. Gieß die Brühe, den Zitronensaft und die Sahne hinzu. Würze die Zutaten mit Salz, Pfeffer und geriebener Muskatnuss. Bring das Gemisch zum Kochen und lass es etwa 10 Minuten bei schwacher Hitze kochen.

4. Wenn du möchtest, kannst du einige Erbsen aus der Brühe nehmen und beiseitelegen. Die restlichen Erbsen werden gemeinsam mit dem Suppengemüse in der Brühe mit einem Pürierstab fein püriert.

5. Wenn du magst, rührst du etwas Kartoffelpüree-Flockenpulver in die Suppe, bis eine feine Bindung entstanden ist. Lass die Suppe nach noch einmal etwa ½ Minute kochen und rühre sie dabei um.

6. Gib danach die beiseitegelegten Erbsen wieder hinzu. Probiere die Suppe und würze sie noch einmal mit Salz, Pfeffer und Muskat, wenn du möchtest.

7. Verteile die Suppe in tiefen Tellern und verziere sie mit einem Klecks Crème fraîche.

Kartoffelsuppe mit Wiener Würstchen

Zutaten für 4 Kinder

1 Bund Suppengemüse (Möhren, Lauch, Sellerie)

600 g mehligkochende Kartoffeln

2 EL Speiseöl, z.B. Sonnenblumenöl

750 ml Gemüsebrühe

1 Lorbeerblatt

1 TL gerebelter Majoran

Salz

gem. Pfeffer

4 Wiener Würstchen (frisch oder aus dem Glas)

Tipps

Wenn du keine Würstchen magst, kannst du auch geröstete Brotwürfel in die Suppe geben.

Schmecke die Kartoffelsuppe mit etwas geriebener Muskatnuss ab und bestreue sie mit gehackter Petersilie. Du kannst auch etwa ein Viertel der Gemüsebrühe durch Milch ersetzen.

1. Zunächst putzt du das Suppengemüse. Dazu schälst du den Sellerie und die Möhren mit einem kleinen Messer, den Lauch putzt du (d. h., du schneidest die Wurzeln und die unansehnlichen äußeren Blätter ab), halbierst ihn der Länge nach und wäscht ihn gründlich. Dann schneidest du das vorbereitete Suppengemüse in grobe Würfel.

2. Als nächstes schälst du die Kartoffeln mit einem Sparschäler, spülst sie ab und schneidest sie in Stücke.

3. Erhitze das Öl in einem großen Topf. Gib das vorbereitete Suppengemüse dazu und dünste es unter Rühren mit einem Kochlöffel an. Gib danach die Kartoffelstücke hinzu und dünste sie kurz mit an.

4. Gieß die Brühe hinzu und gib das Lorbeerblatt und den Majoran hinzu. Erhitze das Ganze, bis es kocht. Leg einen Deckel auf den Topf und lass die Suppe zugedeckt bei mittlerer Hitze etwa 20 Minuten kochen. Rühr sie dabei ab und zu mit dem Kochlöffel um.

5. Nimm das Lorbeerblatt aus dem Topf. Zerdrück die Suppe ein wenig mit einem Kartoffelstampfer.

6. Schmecke die Suppe mit Salz und Pfeffer ab. Die Wiener Würstchen gibst du ganz oder in Scheiben geschnitten in die Suppe und erhitzt sie kurz mit. Du darfst die Suppe nicht mehr kochen lassen, sonst platzen die Würstchen.

Tomatensuppe

Zutaten für 4 Kinder

2 Zwiebeln

2 EL Speiseöl, z. B. Olivenöl

1 große Dose geschälte Tomaten (800 g)

400 ml Gemüse- oder Geflügelbrühe

Zucker

Salz

gem. Pfeffer

Cayennepfeffer

gerebelter Oregano

einige Basilikumblättchen

1. Ziehe von den Zwiebeln mit einem kleinen Messer die trockenen Häute ab (A) und schneide die Knollen in kleine Würfel (B).

2. Erhitze etwas Speiseöl in einem großen Topf. Gib die Zwiebelwürfel dazu und lass sie goldgelb werden. Dabei solltest du die Zwiebeln mit einem Kochlöffel mehrmals umrühren.

3. Gib die Tomaten samt Saft aus der Dose in den Topf und zerdrücke die Tomaten mit einem Kochlöffel. Gib die Brühe, 1 Prise Zucker, Salz, Pfeffer, Cayennepfeffer und den Oregano hinzu. Bring alle Zutaten zum Kochen und lass sie ungefähr 10 Minuten bei schwacher Hitze köcheln

4. Nach den 10 Minuten pürierst du die Suppe mit einem Pürierstab (C). Pass auf, dass es nicht spritzt.

5. Lass die Suppe noch einmal aufkochen und schmecke sie mit den Gewürzen ab. Serviere die Suppe bestreut mit einigen abgespülten und trocken getupften Basilikumblättchen.

Tipps

Wenn du lieber frische Tomaten nehmen möchtest, musst du 1,5 Kilogramm Fleischtomaten häuten, von den Stielansätzen befreien, entkernen und grob würfeln.

Gib vor dem Servieren noch etwas Olivenöl über die Suppe.

Wenn du magst, kannst du die Suppe mit gebratenen Brotwürfelchen bestreuen. Besonders gut schmecken die, wenn du sie in einer Pfanne in etwas Olivenöl knusprig brätst und sie zusammen mit etwas Pesto in die Suppe gibst.

A

B

C

Käse-Lauch-Suppe

Zutaten für 4–6 Kinder

800 g Lauch

2 EL Speiseöl, z.B. Rapsöl

350 g Hackfleisch (halb Rind-, halb Schweinefleisch)

Salz

gem. Pfeffer

750 ml Fleischbrühe

150 g Sahne-Schmelzkäse

315 g abgetropfte Champignonscheiben (aus dem Glas)

1. Putze den Lauch (d. h. schneide die Wurzeln mit einem kleinen Messer ab und entferne die äußeren welken Blätter) und halbiere die Stangen der Länge nach. Wasche sie gründlich, lass sie abtropfen und schneide sie danach quer in feine Scheiben.

2. Erhitze das Speiseöl in einem großen Topf. Brate das Hackfleisch darin gut an – dabei musst du es häufig umrühren. Zerdrücke die Fleischklümpchen mit dem Kochlöffel. Würze das Hackfleisch mit etwas Salz und Pfeffer. Gib den Lauch hinzu und dünste ihn kurz mit an. Gieß die Fleischbrühe hinzu und bring sie zum Kochen. Leg danach den Deckel auf den Topf und lass die Suppe etwa 15 Minuten zugedeckt bei mittlerer Hitze köcheln.

3. Rühr danach den Schmelzkäse unter und rühre die heiße Suppe um, bis der Käse geschmolzen ist. Dabei darf die Suppe nicht mehr kochen. Rühre die Champignonscheiben unter und schmecke die Suppe mit Salz und Pfeffer ab.

Tipps

Serviere die Suppe mit abgespülten, trocken getupften Petersilienblättchen garniert.

Statt Sahne-Schmelzkäse kannst du auch Kräuter-Schmelzkäse verwenden.

Vegetarische Variante:

Wenn du lieber eine vegetarische Suppe ohne Fleisch machen möchtest, kannst das Hackfleisch einfach durch Tofu ersetzen. Bereite dafür wie in Punkt 1 beschrieben den Lauch vor. Danach erhitzt du 3 Esslöffel Speiseöl in einem großen Topf. Zerbrösele 400 g Tofu (natur, geräuchert oder mit Kräutern) und gib ihn zum Anbraten in den Topf. Zerdrück den Tofu genau wie in der Hackfleischvariante mit dem Kochlöffel. Würz den Tofu mit Salz und Pfeffer und gib 1–2 Esslöffel Sojasauce hinzu. Gib danach den Lauch hinzu und koch die Suppe mit Gemüsebrühe, wie in Punkt 2 und 3 beschrieben, fertig. Würz die Suppe am Ende noch einmal gut mit Salz, Pfeffer und frischer Muskatnuss.

Gemüseeintopf

Zutaten für 4–6 Kinder

350 g Möhren

350 g mehligkochende Kartoffeln

350 g grüne Bohnen

250 g Blumenkohl

250 g Tomaten

2 Zwiebeln

50 g Butter oder
4–5 EL Sonnenblumenöl

Salz

gem. Pfeffer

650 ml heiße Gemüsebrühe

2 EL gehackte Kräuter, z. B. Petersilie, Basilikum

Tipp

Du kannst die Tomaten auch weglassen.

1. Zuerst kannst du das Gemüse (bis auf die Zwiebeln) abspülen und abtropfen lassen. Die Möhren und die Kartoffeln werden dann mit einem Sparschäler geschält (A) und in grobe Würfel geschnitten (B). Von den Bohnen schneidest du die Enden ab (C), dann kannst du sie in Stücke schneiden oder brechen.

2. Entferne vom Blumenkohl die Blätter und schneide den Strunk ab. Teile den Blumenkohl dann in einzelne Röschen.

3. Schneide die Tomaten auf der runden Seite mit zwei Strichen so ein, dass sich ein Kreuz bildet. Lege die Tomaten in eine Schüssel und übergieße sie darin mit kochend heißem Wasser. Nimm sie nach 1 Minute heraus – nun kannst du gut die Haut von den Tomaten abziehen. Schneide die gehäuteten Tomaten in jeweils vier Stücke und die Stängelansätze heraus.

4. Ziehe die dunklen Häutchen mit einem kleinen Messer von den Zwiebeln ab und schneide die Zwiebeln in Würfel. Nun sind die Vorbereitungen erledigt.

5. Erhitze Butter oder Öl in einem großen Topf. Gib die Zwiebelwürfel, die Kartoffelwürfel und die Bohnen dazu und dünste alles etwa 5 Minuten bei mittlerer Hitze. Dabei solltest du alles häufig mit einem Kochlöffel umrühren und mit etwas Salz und Pfeffer würzen. Gieß dann die Brühe dazu und lass sie aufkochen. Leg einen Deckel auf den Topf und lass das Gemüse etwa 5 Minuten bei mittlerer Hitze kochen.

6. Gib die Möhrenwürfel und die Blumenkohlröschen in den Topf zum übrigen Gemüse und lass alles zusammen noch etwa 10 Minuten kochen.

7. Ganz zum Schluss gibst du noch die Tomatenviertel zum Eintopf und erhitzt sie ganz kurz mit. Schmecke den Eintopf mit Salz und Pfeffer ab und serviere ihn mit Kräutern bestreut.

A

B

C

Frikadellen, Fleischpflanzerl, Buletten

Zutaten für 4–6 Kinder

1 Brötchen (Semmel) vom Vortag

1 Zwiebel

500 g Hackfleisch (halb Rind-, halb Schweinefleisch)

1 EL mittelscharfer Senf

1 Ei (Größe M)

Salz

gem. Pfeffer

3 EL Speiseöl, z. B. Sonnenblumen- oder Rapsöl

1. Gib das Brötchen in eine Rührschüssel, gieß kaltes Wasser darüber und lass das Brötchen etwa 10 Minuten einweichen. Entferne von der Zwiebel mit einem kleinen Messer die trockene Haut und schneide die Knollen in kleine Würfel.

2. Gieß das Einweichwasser weg und drücke das Brötchen mit den Händen gut aus. Gib das Brötchen zurück in die Schüssel. Gib das Hackfleisch, die Zwiebelwürfel, den Senf und das Ei dazu. Verknete alles mit den Händen oder mit einem Mixer mit Knethaken. Würze das Gemisch mit Salz und Pfeffer. Aus dem Hackfleischteig formst du dann 8 Frikadellen. Das gelingt am besten, wenn du die Hände zwischendurch ab und zu unter kaltes Wasser hältst.

3. Erhitze Speiseöl in einer breiten Pfanne. Leg die Frikadellen nebeneinander hinein. Sie müssen mindestens 10 Minuten bei mittlerer Hitze braten, und zwischendurch musst du sie mit einem Pfannenwender gelegentlich wenden. Die Frikadellen sollen schön braun werden.

Rezeptvariante: Frikadellen mit Schafskäsefüllung

Gib in die Hackfleischmasse noch zusätzlich 1 Teelöffel gerebelten Thymian. Teile den Hackfleischteig in etwa 8 Portionen. Schneide 200 g Schafskäse in 8 gleich große Würfel. Aus dem Hackfleischtag formst du flache Fladen, auf die du immer 1 Stück Käse gibst. Umschließe den Käse mit dem Hackfleischteig und brate die Frikadellen wie in Schritt 3 beschrieben.

Kartoffel-frikadellen

1. Die Kartoffeln mit einem Sparschäler schälen, abspülen, abtropfen lassen und in Stücke schneiden. Gib die Kartoffelstücke in einen Topf und bedecke sie knapp mit Wasser. Gib 1 Teelöffel Salz hinzu. Leg einen Deckel auf den Topf und bring das Wasser im Topf zum Kochen.

2. Gare die Kartoffeln zugedeckt in etwa 20 Minuten bei mittlerer Hitze. Gieß die Kartoffeln in ein Sieb ab und drücke sie sofort durch eine Kartoffelpresse oder gib sie in den Topf zurück und zerdrücke sie mit einem Kartoffelstampfer.

3. Während die Kartoffeln kochen, lasse die Kürbiskerne in einer Pfanne ohne Fett anrösten und anschließend etwas abkühlen. Hacke sie dann mit einem großen Messer etwas kleiner. Spüle die Petersilie ab, tupfe sie trocken und schneide die Blättchen mit einer Küchenschere klein.

4. Ziehe die äußere Haut der Zwiebeln und der Knoblauchzehe mit einem kleinen Messer ab, schneide beides in feine Würfel. Dünste Zwiebeln und Knoblauch in Butter an und gib gehackte Petersilie und Kürbiskerne dazu.

5. Vermenge die Kartoffeln mit der Zwiebelmischung und würze sie mit Salz und Pfeffer. Dann lass den Kartoffelteig etwa 30 Minuten ruhen.

6. Verschlage die Eier in einem tiefen Teller mit einer Gabel. Forme aus der Kartoffelmasse kleine Bällchen und drücke sie flach. Wende die Frikadellen erst in Mehl, dann in dem verschlagenen Ei und und zum Schluss in den Semmelbröseln.

7. Erhitze das Öl in einer großen Pfanne und brate die Frikadellen darin bei mittlerer Hitze von beiden Seiten goldgelb.

Zutaten für 4–6 Kinder

1 kg mehligkochende Kartoffeln

Salz

50 g Kürbiskerne

2 kleine Zwiebeln

1 Knoblauchzehe

1 kleines Sträußchen Petersilie

20 g Butter

gem. Pfeffer

2 Eier

etwas Mehl

3 EL Semmelbrösel

5–6 EL Speiseöl zum Braten

Burger

Zutaten für 4 Kinder

400 g Rinderhackfleisch

20 g abgetropfte Kapern (aus dem Glas)

Salz

gem. Pfeffer

1–2 EL Speiseöl, z. B. Rapsöl

1 rote Zwiebel

250 g Fleischtomaten

4 Scheiben Bacon (Frühstücksspeck)

75 g Crème fraîche

1 EL grobkörniger Senf

½ Bund Rucola (Rauke)

4 Burgerbrötchen mit Sesam

4 Scheiben Schnittkäse

Außerdem

evtl. 4 Holzspießchen

Tipp

Wenn du keine Kapern magst, lass sie einfach weg. Auch den Frühstücksspeck kannst du weglassen.

1. Gib das Rinderhackfleisch in eine Rührschüssel. Hacke die Kapern mit einem Messer klein. Gib sie zur Hackmasse und mische sie unter. Würze die Masse mit Salz und Pfeffer.

2. Erhitze das Speiseöl in einer beschichteten Pfanne. Spüle deine Hände unter kaltem Wasser gründlich ab. Forme aus der Masse mit den feuchten Händen 4 flache Burger (Ø 9–10 cm). Gebe die Burger vorsichtig in die Pfanne, das Fett ist heiß, es könnte spritzen. Brate die Burger darin von beiden Seiten in 10–12 Minuten braun und gar. Du musst sie zwischendurch mit einem Pfannenwender wenden.

3. Ziehe die trockene Haut von der Zwiebel mit einem kleinen Messer ab, schneide die Zwiebel zuerst in dünne Scheiben, dann teile sie in Ringe. Spüle die Tomaten unter kaltem Wasser ab, tupfe sie trocken und schneide anschließend die Stängelansätze heraus. Schneide die Tomaten mit einem Tomatenmesser in insgesamt 8 Scheiben. Brate den Bacon in einer beschichteten Pfanne ohne Fett kross und lass ihn anschließend auf Küchenpapier abtropfen.

4. Verrühre Crème fraîche mit Senf mit einem Löffel und würze sie evtl. mit Salz und Pfeffer. Verlese den Rucola und entferne die dicken Stiele. Spüle den Rucola mit fließendem Wasser ab, tupfe ihn trocken und zupfe ihn klein.

5. Backe die Burgerbrötchen nach Packungsanleitung im Backofen oder auf dem Toaster auf und schneide sie dann waagerecht durch. Bestreiche die unteren Brötchenhälften mit etwas Senf-Dip, verteile etwas Rucola darauf und lege je einen Burger darauf. Dann schichte wieder etwas Senf-Dip, je eine Scheibe Käse, Senf-Dip, je 2 Tomatenscheiben, Zwiebelringe, Rucola und restlichen Senf-Dip darauf. Schließe das Ganze mit einer halbierten Baconscheibe ab. Lege die oberen Brötchenhälften darauf.

Variante: Cheeseburger

Für einen klassischen Cheeseburger lässt du die Kapern, den Bacon sowie den Rucola und den Senf-Dip weg. Belege den Burger zusätzlich mit ein paar abgespülten, abgetropften Salatblättchen und bestreiche die Burgerhälften mit Salatmayonnaise und/oder Ketchup und einer Scheibe Schnittkäse, z. B. mittelaltem Gouda.

Chickenburger

Zutaten für 4 Kinder

400 g große Möhren

2 grüne Paprikaschoten

1 Fleischtomate (etwa 220 g)

4 EL Olivenöl

Salz

2 Stücke Hähnchenbrustfilet (etwa 300 g)

gem. Pfeffer

4 Hamburger-Brötchen

4 große Blätter Kopfsalat

100 ml Barbecue-Sauce

1. Putze die Möhren und schäle sie mit einem Sparschäler. Spüle sie ab und lass sie abtropfen. Hobele sie auf dem Gemüsehobel mit Fingerschutz in lange dünne Scheiben. Spüle die Paprikaschoten ab und tupfe sie trocken. Schneide die Schoten von der Spitze zum Stielansatz in Ringe. Zum Schluss entferne die Kerne, die weißen Scheidewände und den Stielansatz. Spüle die Tomate ab, lass sie abtropfen, entferne den Stängelansatz und schneide die Tomate in Scheiben.

2. Erhitze in einer großen beschichteten Pfanne 2 Esslöffel Olivenöl. Brate darin die Möhrenscheiben bei mittlerer Hitze zugedeckt, bis sie braun werden. Gib sie anschließend auf einen vorgewärmten Teller, salze sie leicht und decke zu. Dann brätst du die Paprikaringe, bis sie braun werden. Die Ringe musst du jetzt ebenso warm halten.

3. Säubere die Pfanne. Tupfe das Fleisch mit Küchenpapier ab und schneide es waagerecht mit einem Messer durch. Würze die Filets von beiden Seiten mit etwas Salz und Pfeffer. Brate die Fleischstücke im restlichen Öl in der Pfanne etwa 2 Minuten von jeder Seite, wende sie zwischendurch mit einem Pfannenwender. Halte auch das Fleisch anschließend zugedeckt warm.

4. In der Zwischenzeit halbiere die Brötchen waagerecht mit einem Brotmesser. Lege die Brötchenhälften mit der Schnittfläche nach unten in die heiße Pfanne und röste und erwärme sie im Bratensatz kurz. Putze die Salatblätter, wasche sie und tupfe sie trocken.

5. Bestreiche die unteren Brötchenhälften mit etwas Barbecue-Sauce. Belege sie dann mit Salat, Paprikaringen und Fleisch. Träufle darauf etwas Sauce. Lege die Möhrenscheiben und jeweils 1–2 Tomatenscheiben darauf. Bedecke sie mit den oberen Brötchenhälften und serviere sie sofort. Stelle die restliche Barbecue-Sauce dazu.

Veggie-Burger

mit Thunfisch-Tomaten-Dip

Zutaten für 4 Kinder

Für die Patties:

etwa 300 ml Gemüsebrühe

160 g Couscous

1 kleine Zwiebel

1 kleine Knoblauchzehe

2 EL Olivenöl

50 g abgetropfter Gemüsemais (aus der Dose)

100 g fettreduzierter Frischkäse

2 Eier (Größe M)

Salz

gem. Pfeffer

Für den Dip

150 g abgetropfter Thunfisch (naturell, aus der Dose)

30–50 ml heiße Gemüsebrühe

75 g Joghurt

400 g Tomaten

1 Römersalatherz

1. Für die Patties kochst du 300 ml Gemüsebrühe in einem Topf auf. Rühre dann den Couscous mit einem Schneebesen ein. Schalte die Kochstelle aus und lege einen Deckel auf den Topf. Dann lässt du den Topf für 10 Minuten so stehen, damit der Couscous quellen kann und gar wird.

2. Ziehe von der Zwiebel und dem Knoblauch die trockene Haut ab. Dann schneidest du die Zwiebel und die Knoblauchzehe mit einem kleinen Messer in feine Würfel. Erhitze 1 Teelöffel Olivenöl in einer Pfanne und gib dann die Zwiebelwürfel und die Knoblauchwürfel dazu, lasse sie bei geringer Temperatur glasig dünsten. Lass sie danach kurz abkühlen.

3. Lockere den gequollenen Couscous mit einer Gabel auf, gib ihn gemeinsam mit dem Mais in eine Schüssel. Lass den Couscous dort etwas abkühlen und verrühre ihn danach mit dem Mais.

4. Gib den Frischkäse, die Eier, Salz und Pfeffer zum Couscous und rühre die Zutaten mit einem Löffel gut unter.

5. Erhitze das übrige Olivenöl portionsweise in einer beschichteten Pfanne. Aus der Couscousmasse formst du mit angefeuchteten Händen etwa handtellergroße Patties (das sind flach gedrückte Klöße). Gib sie vorsichtig in die heiße Pfanne und drücke sie mit einem Pfannenwender etwas flach. Brate die Patties von beiden Seiten goldbraun und knusprig. Wende sie zwischendurch.

6. Gib den Thunfisch mit der heißen Brühe in einen hohen Mixbecher oder Mixer und püriere ihn dort zu einer feinen Masse. Würze sie mit Salz und Pfeffer und rühre den Joghurt unter. Probiere, ob dir der Dip schon schmeckt oder du noch etwas mehr würzen möchtest.

7. Spüle die Tomaten ab, tupfe sie trocken und schneide die Stängelansätze heraus. Schneide die Tomaten dann in Würfel und mische sie unter die Thunfisch-Würzsauce.

8. Putze den Salat, spüle ihn ab, tupfe ihn gut trocken und schneide ihn in feine Streifen.

9. Setze immer 2 Couscous-Patties, etwas Salat und etwas Tomaten-Thunfisch-Mix zu Burgern zusammen und serviere sie sofort.

Tipp

Du kannst die Couscous-Taler auch wie ein Rösti gemeinsam mit dem Salat und dem Tomatenmix auf Tellern anrichten.

Hirsefrikadellen

Zutaten für 6 Frikadellen

100 g Hirse

120 g Möhren

70 g Staudensellerie

1 Frühlingszwiebel (etwa 40 g)

2 Eier (Größe M)

30 g Semmelbrösel

Salz

gem. Pfeffer

1. Wasche die Hirse in lauwarmem Wasser und lass sie in einem Sieb abtropfen. Putze die Möhren mit einem kleinen Messer, und schäle sie mit einem Sparschäler. Spüle die Möhren ab, lass sie abtropfen und raspele sie auf der groben Seite der Haushaltsreibe mit einem Fingerschutz. Putze den Sellerie, spüle ihn ab, lass ihn abtropfen und schneide ihn in sehr kleine Würfel. Putze die Frühlingszwiebel, spüle sie ab und schneide sie in dünne Scheiben.

2. Gib die Hirse zusammen mit 220 ml Wasser in einen Topf. Bring das Wasser auf einer Kochstelle zum Kochen und lass sie danach etwa 5 Minuten zugedeckt köcheln. Rühre die Möhren und den Staudensellerie unter. Lass das Ganze zugedeckt weiter ungefähr 5 Minuten zugedeckt bei geringer Hitze garen. Rühre die Frühlingszwiebel unter und lass das Gemisch abkühlen.

3. Rühre die Eier und Semmelbrösel mit einem Kochlöffel unter. Würze die Masse mit Salz und Pfeffer nach deinem Geschmack. Lass sie danach weitere 5 Minuten stehen und ausquellen.

4. Aus der Hirsemasse formst du nun mit abspülten Händen 6 Frikadellen. Erhitze dann 2 Esslöffel Öl in einer großen beschichteten Pfanne. Brate die Hirsefrikadellen darin bei mittlerer Hitze von beiden Seiten goldbraun. Wende sie zwischendurch mit einem Pfannenwender. Du kannst die Frikadellen warm oder kalt essen.

Variante: Gemüse-Cheeseburger (Foto)

Nimm die Frikadellen aus der Pfanne und bedecke sie sofort mit jeweils 1 kleinen Scheibe Gouda oder Emmentaler. Wische die Pfanne mit Küchenpapier aus (Vorsicht heiß!). Gib 1 Esslöffel Öl in die Pfanne und erhitze sie erneut. Schneide 6 Hamburger-Brötchen mit Sesam durch, sodass du 6 Oberseiten und

Tipps

Wenn du die doppelte Menge der Hirsefrikadellen zubereitest, kannst du am nächsten Tag daraus ein Hirse-Gratin zubereiten. Verteile dazu die vorbereiteten Frikadellen in einer Auflaufform. Verteile darauf die Scheiben von 1 großen, abgespülten und trocken getupften Fleischtomate. Verteile 125 g Mozzarella-Scheiben oder 100 g Gratin-Käseraspel darauf und lasse sie im Backofen oder unter dem vorgeheizten Backofengrill kurz schmelzen.

6 Unterseiten hast. Lege 6 der Brötchenhälften mit der Schnittseite nach unten in die Pfanne und röste sie kurz an. Röste die restlichen Brötchenhälften auf die gleiche Weise mit 1 Esslöffel Öl an. Bestreiche die unteren Brötchenhälften dünn mit Mayonnaise und belege sie mit Salatblättern. Lege immer 1 Frikadelle, einige Scheiben von einer Salatgurke und 1–2 Tomatenscheiben darauf und bedecke sie mit der oberen Brötchenhälfte. Du kannst die Gemüse-Cheeseburger sofort servieren.

Schwedische Köttbullar

Zutaten für 4–6 Kinder

100 g Semmelbrösel

250 ml Milch (3,5 % Fett)

3 abgetropfte Gewürzgurken (aus dem Glas)

1–2 EL Gurkensud (aus dem Glas)

1 Zwiebel

600 g Rinderhackfleisch

1 Ei (Größe M)

Salz

gem. Pfeffer

3 EL Speiseöl, z.B. Sonnenblumenöl

etwa 150 g Schlagsahne

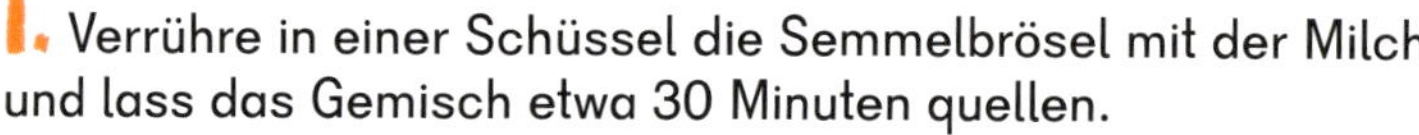

1. Verrühre in einer Schüssel die Semmelbrösel mit der Milch und lass das Gemisch etwa 30 Minuten quellen.

2. Fange von den Gurken 1–2 Esslöffel Gurkensud auf, das ist die Flüssigkeit aus dem Glas. Schneide die Gurken in kleine Würfel und stelle Gurken und den Sud beiseite.

3. Ziehe die trockene Haut mit einem kleinen Messer von der Zwiebel ab und schneide die Zwiebel in sehr kleine Würfel. Gib die Zwiebeln und das Hackfleisch in eine Schüssel. Gib die Semmelbröselmasse, das Ei, ½ Teelöffel Salz und etwas Pfeffer hinzu. Verarbeite die Zutaten zu einer gleichmäßigen Masse.

4. Forme aus der Hackfleischmasse mit angefeuchteten Händen Bällchen, die etwa so groß sind wie Walnüsse.

5. Erhitze das Speiseöl in einer breiten Pfanne. Brate die Köttbullar darin nacheinander oder gemeinsam von allen Seiten unter gelegentlichem Wenden mit einem Pfannenwender bei mittlerer Hitze 8–10 Minuten. Nimm danach die Köttbullar aus der Pfanne und stelle sie zugedeckt warm.

6. Gib die beiseitegestellten Gurkenwürfel mit dem Gurkensud und der Sahne zum verbliebenen Bratfett in die Pfanne. Lass alles unter Rühren etwa 2 Minuten kochen. Würze die Sauce mit etwas Salz und Pfeffer. Gib die Köttbullar in die Sauce und erwärme sie wieder kurz.

Gefüllte Paprika-schoten mit Couscous

Zutaten für 4 Kinder

2 kleine Paprikaschoten

20 g Cashewkerne

Salz

80 g Couscous

30 g Butter

1 Dose Mexico-Mix mit Erbsen, Mais und Paprika (280 g)

etwa 50 g Salami

1 Tomate

100 g Feta

1 EL TK-Petersilie

1–2 EL Olivenöl zum Fetten der Auflaufform

1. Die Paprika musst du waschen, abtrocknen und halbieren. Strunk, Kerngehäuse und weiße Scheidewände dann mit einem kleinen Messer herausschneiden.

2. Die Cashewkerne gibst du auf ein Brett und hackst sie mit einem großen Messer ein wenig kleiner. Du kannst sie auch mit den Fingern in kleine Stücke brechen. Gib die Kerne in eine kleine Pfanne und röste sie bei mittlerer Hitze, bis sie goldbraun geworden sind. Dabei solltest du häufig mit einem Pfannenwender rühren, damit die Kerne nicht verbrennen Ⓐ. Schütte die fertigen Kerne in eine Schüssel und lass sie abkühlen.

3. Lass Wasser (siehe angegebene Menge auf der Couscous-Verpackung) in einem kleinen Topf mit ½ Teelöffel Salz aufkochen. Nimm den Topf vom Herd und rühre das Couscous mit einem Kochlöffel darunter. Lass das Couscous etwa 2 Minuten im geschlossenen Topf quellen. Dann schneide die Butter in kleine Stückchen und rühre sie unter das Couscous.

4. Lass den Mexico-Mix in einem Küchensieb gut abtropfen. Schneide die Salami in schmale Streifen oder feine Würfel. Die Tomate musst du mit kaltem Wasser abspülen, abtrocknen und vierteln, dann Strunk sowie die Kerne entfernen und das Tomatenfruchtfleisch in kleine Würfel schneiden. Den Fetakäse solltest du würfeln oder mit einer Gabel zerbröseln.

5. Schieb den Rost auf einer der mittleren Schienen in den Backofen.

6. Heize den Backofen vor.
Ober-/Unterhitze: etwa 200°C
Heißluft: etwa 180°C.
Fette eine Auflaufform, in die die 4 Hälften passen, mit einem Pinsel mit dem Olivenöl. Verteile die Paprikahälften mit der Hautseite nach unten in der gefetteten Auflaufform.

7. Gib alle übrigen vorbereiteten Zutaten sowie die Petersilie in eine Schüssel. Mische alles mit einem Löffel und schmecke mit

A

B

Salz und Pfeffer ab. Dann gibst du diese Mischung in die Paprikahälften.

8. Stell die Form mit den gefüllten Paprikahälften mit Ofenhandschuhen für etwa 20 Minuten in den vorgeheizten Backofen. Am Ende der Backzeit kannst du noch den Grill dazuschalten und die Füllung 1-2 Minuten kross werden lassen.

9. Nimm die Form vorsichtig mit Ofenhandschuhen aus dem Ofen B. (Lass dir eventuell von einem Erwachsenen helfen, da die Auflaufform durch das Überbacken/Grillen noch heißer ist als sonst) und stelle sie auf einen Rost und lasse sie etwas abkühlen. Anschließend kannst du die Paprikaschoten auf Teller verteilen.

Tipps

Soll das Gericht fleischlos sein, ersetze die Salami durch 50 g in Würfel geschnittene Champignons.

Wenn ihr noch geriebenen Käse (z. B. Cheddar oder Pizzakäse, 50-60 g reichen) im Kühlschrank habt, könnt ihr nach der Hälfte der Backzeit den Käse auf den gefüllten Paprikahälften verteilen. Dann fällt das Grillen am Ende der Backzeit weg und die Schoten sind durch den Käse noch saftiger.

Hähnchencurry mit Mango

Zutaten für 4 Kinder

2 Zwiebeln

1 Knoblauchzehe

600 g Hähnchenbrustfilet oder Hähnchenschnitzel

Salz

gem. Pfeffer

4 EL Speiseöl, z.B. Rapsöl

1 EL mildes Currypulver

400 ml Geflügelbrühe

2–3 EL Limettensaft

1 Mango

1 Stange Lauch

1–2 TL Speisestärke

3 EL Wasser

1. Ziehe die trockene Haut von den Zwiebeln und der Knoblauchzehe mit einem kleinen Messer ab. Schneide die Zwiebel in zwei Hälften und danach in Scheiben. Schneide den Knoblauch in feine Würfel. Tupfe das Hähnchenfleisch mit Küchenpapier ab und schneide es in Würfel, die ungefähr 2 cm groß sind. Würze es mit Salz und Pfeffer.

2. Erhitze das Speiseöl in einer beschichteten Pfanne. Brate die Fleischwürfel darin portionsweise bei mittlerer bis starker Hitze unter Rühren mit einem Pfannenwender in 1–2 Minuten goldbraun an und nimm sie aus der Pfanne. Gib die Zwiebelscheiben und die Knoblauchwürfel in die Pfanne, brate sie kurz unter Rühren an und bestäube sie mit Currypulver.

3. Gib das Fleisch wieder in die Pfanne und rühre es unter. Dann gieße die Geflügelbrühe und den Limettensaft hinzu, während du weiter umrührst. Lege einen Deckel auf die Pfanne und lass das Hähnchencurry etwa 10 Minuten zugedeckt bei mittlerer Hitze garen.

4. Während das Curry kocht, schneidest du das Fruchtfleisch der Mango mit einem mittelgroßen Messer vom Stein und schälst die Mango. Zum Dekorieren für später kannst du einige lange Streifen abschneiden. Den Rest des Fruchtfleischs schneidest du in Würfel.

5. Putze die Lauchstange. Schneide sie längs in zwei lange Hälften, wasche sie gründlich und lass sie gut abtropfen. Schneide den Lauch in feine Streifen und gib sie zum Hähnchencurry. Lass sie dort etwa 3 Minuten mitgaren.

6. Verrühre die Stärke mit dem Wasser in einer Tasse oder kleinen Schüssel und rühre sie in das Hähnchencurry ein. Erhitze das Ganze kurz, bis es aufkocht. Rühre die Mangowürfel unter. Würze das Hähnchencurry mit Salz, Pfeffer und Currypulver. Du kannst das Hähnchencurry dann noch mit den Mangostreifen dekorieren und servieren.

Hähnchenspieße mit Erdnuss-Sauce

Zutaten für 4 Kinder

Für die Sauce:

1 TL rote Currypaste

1 Dose ungesüßte Kokosmilch (400 ml)

150 g Erdnusscreme ohne Stücke

3 EL Apfelessig

Salz

1 Prise Zucker

Für die Spieße:

400 g Hähnchenbrustfilet

Salz

gem. Pfeffer

2 EL Olivenöl

4 lange oder 8 kleine Holzspieße

Tipp

Du kannst die Spieße, bevor du das Fleisch daraufsteckt 30 Minuten in Wasser legen, dann lässt sich das gare Fleisch besser von Spießen lösen.

1. Gib die Currypaste und die Kokosmilch in einen kleinen Topf. Bring es auf mittlerer Stufe zum Kochen, dann lass die Creme 2 Minuten auf kleiner Stufe köcheln.

2. Gib die Erdnusscreme dazu. Rühr mit einem Schneebesen solange, bis sich alles gut vermischt hat. Rühr den Apfelessig und eine gute Prise Salz und Zucker darunter. Dann lass die Sauce auf kleiner Stufe etwa 10 Minuten köcheln, bis die Sauce eine sämige Konsistenz hat. Dabei musst du regelmäßig mit dem Schneebesen über den Topfboden rühren, damit die Sauce nicht anbrennt.

3. Tupfe das Hähnchenbrustfilet mit Küchenpapier trocken und schneide das Fleisch mit einem kleinen Messer in 2–3 cm große Stücke und stecke es auf die Spieße.

4. Erhitze das Olivenöl in einer Pfanne. Lege die Spieße hinein und brate sie etwa 8-10 Minuten bei mittlerer Hitze rundherum braun. Würze zwischendurch mit Salz und Pfeffer. Stelle Spieße und Sauce zusammen auf den Tisch.

Variante:

Um die Spieße noch etwas bunter und vielfältiger zu gestalten, nimm nur 250 g Fleisch und dafür zusätzlich 1/3 frische Ananas, 1 rote Paprikaschote und eine ½ Zucchini. Die Ananas musst du schälen, so dass die holzige Außenhaut weg ist, vierteln, den holzigen Strunk entfernen und in mundgerechte Stück schneiden. Die Paprikaschote und Zucchini abspülen, abtrocknen, halbieren oder vierteln, das Kerngehäuse und die weißen Scheidewände der Paprikaschote entfernen. Paprika in ebenso große Stücke wie das Fleisch schneiden. Zucchini längs halbieren und auch schneiden. Alle Zutaten dann abwechselnd auf die Holzspieße stecken und wie oben beschrieben braten.

Chicken-Nuggets mit zweierlei Dips

Zutaten für 4 Kinder

Für die Chicken-Nuggets:

75 g Cornflakes

50 g Semmelbrösel

500 g Hähnchenbrustfilet

Salz

gem. Pfeffer

2 EL Weizenmehl

2 kleine Eier (Größe S)

5–6 EL Speiseöl, z. B. Sonnenblumenöl zum Braten

Für die Dips:

200 g Joghurt (3,5 % Fett)

100 g Salatmayonnaise (50 % Fett; aus dem Glas)

2 Knoblauchzehen

1 EL frisch gepresster Zitronensaft

5–10 Radieschen (je nach Größe)

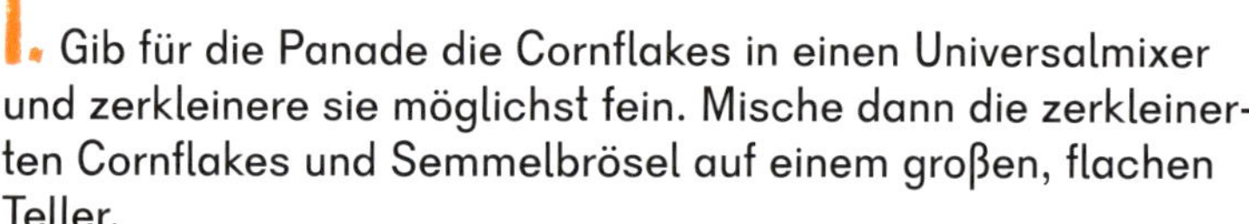

1. Gib für die Panade die Cornflakes in einen Universalmixer und zerkleinere sie möglichst fein. Mische dann die zerkleinerten Cornflakes und Semmelbrösel auf einem großen, flachen Teller.

2. Trockne die Filets mit Küchenpapier sorgfältig ab. Schneide nun die Filets mit einem kleinen Messer einmal in einen unteren dünneren und einen dickeren Teil. Schneide die dickeren Teile nochmals jeweils waagerecht durch. Lass Dir dabei eventuell von einem Erwachsenen helfen. Schneide nun die Filetteile in 4–5 cm große Stücke. Würze sie mit etwas Salz und Pfeffer. Wende die Filetstücke dann kurz im Mehl.

3. Schlage die Eier auf, gib sie auf einen großen flachen Teller und verschlage sie gründlich mit einer Gabel. Wende die Filetstückchen nun mit Hilfe einer Gabel einzeln zunächst im verquirlen Ei. Lass die Stückchen etwas abtropfen, wende sie dann in der Cornflakes-Mischung, sodass sie rundum paniert sind.

4. Gib die Hälfte des Öls in eine große beschichtete Pfanne und erhitze es. Lege die Filetstückchen nebeneinander vorsichtig ins heiße Fett. Brate die Hähnchen-Nuggets bei mittlerer Hitze unter Wenden mit einem Pfannenwender in 4–5 Minuten goldbraun und knusprig. Lege die fertigen Nuggets zum Abtropfen auf einen mit Küchenpapier ausgelegten Teller. Brate nun die übrigen Nuggets wie beschrieben.

5. Verrühre für die Dips Joghurt und Mayonnaise gründlich miteinander. Gib die Hälfte des Joghurtdips in eine weitere Schüssel.

6. Schäle die Knoblauchzehen, presse sie durch eine Knoblauchpresse direkt zu einer Dip-Portion und verrühre alles gründlich. Schmecke den Knoblauchdip mit Salz, Pfeffer und Zitronensaft würzig ab.

7. Putze und wasche die Radieschen. Lass die Radieschen abtropfen. Schneide die Radieschen dann erst in Scheiben und

anschließend in schmale Stifte oder raspele die Radieschen auf einer groben Küchenreibe mit Fingerschutz. Rühre die Radieschen unter die übrige Dip-Portion. Schmecke den Radieschendip mit etwas Salz und Pfeffer ab.

8. Serviere die knusprigen Hähnchen-Nuggets und reiche den Knoblauch- und Radieschendip jeweils in einem kleinen Schälchen dazu. Dazu kannst du knuspriges Baguette und einen knackigen bunten Salat servieren.

Bratfisch

Zutaten für 4 Kinder

600 g Seelachsfilet

1 Bio-Zitrone

Salz

gem. Pfeffer

50 g Weizenvollkornmehl

2 EL Olivenöl

1. Tupfe den Fisch mit Küchenpapier ab. Wasche die Zitrone heiß ab, trockne sie ab und schneide sie in zwei Hälften. Schneide eine Hälfte in dünne Scheiben und lege sie zum Dekorieren beiseite. Die andere Hälfte presst du mit einer Zitronenpresse aus. Beträufle die Fischfilets mit diesem Zitronensaft, salze sie und pfeffere sie. Gib Mehl in einen tiefen Teller und wende die Fischfilets darin.

2. Erhitze das Öl in einer großen Pfanne. Gib die Fischfilets hinein und brate sie von jeder Seite je nach Dicke 3–5 Minuten knusprig braun. Wende sie zwischendurch mit einem Pfannenwender.

3. Nimm den Fisch aus der Pfanne und serviere ihn sofort. Du kannst ihn mit den beiseitegelegten Zitronenscheiben verzieren.

Tipp

Dazu schmeckt das Kartoffelpüree von Seite 98, bestreut mit Paprikawürfelchen und Schnittlauchröllchen, und ein leckerer grüner Salat mit einem Dressing deiner Wahl.

Kartoffelpüree

Zutaten für 4 Kinder

800 g mehligkochende Kartoffeln

Salz

40 g Butter

etwa 200 ml Milch (3,5 % Fett)

ger. Muskatnuss

Tipp

Wichtig: Du darfst die Kartoffeln nicht mit einem Pürierstab pürieren, sonst wird das Püree zäh!

1. Die Kartoffeln mit einem kleinen Messer schälen, abspülen, abtropfen lassen und in Stücke schneiden. Gib die Kartoffelstücke in einen Topf und bedecke sie knapp mit Wasser (A). Gib 1 Teelöffel Salz hinzu. Leg einen Deckel auf den Topf und bring das Wasser im Topf zum Kochen.

2. Gare die Kartoffeln zugedeckt in etwa 20 Minuten bei mittlerer Hitze. Gieß die Kartoffeln in ein Sieb ab und drücke sie sofort durch eine Kartoffelpresse (B) oder gib sie in den Topf zurück und zerdrücke sie mit einem Kartoffelstampfer (C). Gib die Butter hinzu – sie wird sofort schmelzen.

3. Koche in einem kleinen Topf die Milch auf und rühre sie mit einem Schneebesen oder Kochlöffel nach und nach unter die Kartoffelmasse (Es kann sein, dass du etwas mehr oder weniger Milch benötigst).

4. Rühre das Püree bei schwacher Hitze so lange mit einem Schneebesen, bis eine einheitliche lockere Masse entstanden ist. Würze das Kartoffelpüree mit Salz und Muskat, bis es dir schmeckt.

Variante: Möhren-Kartoffel-Stampf

Für ein Möhren-Kartoffelstampf verwendest du 350 g Möhren, 250 g Kartoffeln, Salz, etwa 100 ml Milch, 1 Esslöffel Butter, etwas Pfeffer und 2 Esslöffel abgespülte, trockengetupfte und fein geschnittene Petersilienblättchen. Putze Möhren und Kartoffeln, schäle sie mit einem Sparschäler, spüle sie ab und schneide sie in gleichgroße Stücke. Gib das Gemüse mit 1 Teelöffel Salz in einen Topf, bedecke es knapp mit Wasser und lass es zugedeckt in etwa 20 Minuten garkochen. Gieß das Gemüse in ein Sieb ab, gib es zurück in den Topf und lass es gut ausdampfen. Gib etwa ¾ der heißen Milch und Butter mit in den Topf und zerdrücke Möhren und Kartoffeln mit einem Kartoffelstampfer. Füge anschließend so viel Milch hinzu, bis die

A

B

C

gewünschte Konsistenz erreicht ist. Schmecke den Gemüsestampf mit Salz und gemahlenem Pfeffer ab und garniere den Stampf mit den Petersilienblättchen.

Bratkartoffeln

Zutaten für 4 Kinder

600 g festkochende Kartoffeln

3–4 EL Speiseöl, z. B. Raps- oder Sonnenblumenöl

Salz

gem. Pfeffer

1 Zwiebel (etwa 60 g)

1 EL Schnittlauchröllchen

1. Als erstes musst du die Kartoffeln mit einem Sparschäler schälen, abspülen und mit Küchenpapier ein wenig trocken tupfen. Dann schneidest du sie in dünne Scheiben.

2. Erhitze das Speiseöl in einer großen Pfanne. Dann fügst du die Hälfte der Kartoffelscheiben hinzu und würzt sie mit etwas Salz und Pfeffer. Brate die Kartoffeln etwa 15 Minuten bei schwacher bis mittlerer Hitze goldbraun. Achte darauf, sie zwischendurch mit einem Pfannenwender zu wenden. Stell die Bratkartoffeln warm und brate die restlichen Kartoffeln genauso in dem restlichen Speiseöl. Gib die zuvor gebratenen Kartoffeln wieder dazu.

3. Ziehe von der Zwiebel mit einem kleinen Messer die trockene Haut ab und schneide die Knolle in kleine Würfel. Gib die Zwiebelwürfel zu den angebratenen Kartoffeln und brate sie weitere 3–4 Minuten unter gelegentlichem Wenden. Probiere die Kartoffeln und gib noch etwas mehr Salz und Pfeffer zu, wenn du das möchtest. Bestreue die fertigen Bratkartoffeln mit Schnittlauchröllchen.

Tipp

Du kannst die Bratkartoffeln zusätzlich mit Paprikapulver edelsüß oder 1 Teelöffel getrockneten gerebelten Kräutern (z. B. Majoran, Thymian oder Rosmarin) würzen.

Gnocchi mit Spinat

Zutaten für 4–6 Kinder

(jeder bekommt 10–15 Gnocchi)

300 g Kartoffeln, mehligkochend

Salz

1 Ei (Größe M)

100 g Weizenmehl

etwa 4 EL Speisestärke

gem. Pfeffer

ger. Muskatnuss

100 g Spinat

1 kleine Zwiebel

1 Knoblauchzehe

40 g Butter

100 ml Schlagsahne

1. Schäle die Kartoffeln mit einem Kartoffelschäler, spüle sie ab und schneide sie mit einem kleinen Messer in gleichmäßige Stücke. Gib die Kartoffeln in einen Topf und gieß Wasser dazu, bis die Kartoffelstücke gerade eben bedeckt sind. Streu 1 Teelöffel Salz darüber und bring das Wasser zum Kochen. Deckel nicht vergessen - dann kochen die Kartoffeln schneller und das Wasser bleibt im Topf und verdampft nicht.

2. Koche die Kartoffeln bei mittlerer Hitze in etwa 20 Minuten gar. Nimm langsam den Deckel ab. Achtung! Es steigt beim Öffnen des Topfes heißer Wasserdampf auf, an dem man sich verbrühen kann. Mit der Spitze eines kleinen Messers kannst du in die Kartoffeln stechen und schauen, ob sie schon gar sind. Kann man leicht in die Kartoffel stechen, sind die Kartoffeln gar.

3. Zieh Ofenhandschuhe an und schütte die Kartoffeln in ein Küchensieb ab. Achtung weiterhin mit dem Wasserdampf, die Kartoffeln sind noch lange sehr heiß. Gib die Kartoffeln wieder zurück in den Topf, stell sie wieder auf den Herd und lass sie in 1–2 Minuten bei kleiner Hitze ausdampfen. Dabei soll das restliche Wasser an und in den Kartoffeln verdampfen, damit die Gnocchimasse später schön fest und trocken ist und sie sich gut formen lässt.

4. Die heißen Kartoffeln drückst du nach und nach durch eine Kartoffelpresse in eine Schüssel (A). Oder die gibst die Kartoffeln in eine Schüssel und zerdrückst sie sorgfältig mit einem Kartoffelstampfer. Lass dann die zerkleinerten Kartoffeln erkalten.

5. Gib dann das Ei, das Mehl, erstmal nur 1 Esslöffel Speisestärke, Salz, Pfeffer und etwas geriebene Muskatnuss zu den Kartoffeln. Vermisch alles mit dem Mixer (Knethaken). Verteile einen weiteren Esslöffel Speisestärke auf der Arbeitsfläche und verknete die Kartoffelmasse (mit den Händen) zu einem glatten Teig.

6. Streue etwas Speisestärke auf ein großes Brett oder auf ein Backblech. Reibe deine Hände mit etwas von der Speisestärke

A

B

ein und forme aus dem Kartoffelteig etwa 1 ½ cm dicke, nicht zu lange Rollen formen. Dann schneide die Rollen mit einem Messer in 2–3 cm lange Stücke. Forme die Stücke zu Kugeln. Forme mit der Rückseite einer Gabel das für Gnocchi typische Rillenmuster, indem du mit der Gabel die Gnocchi abrollst B. Lege die fertig geformten Gnocchi auf das vorbereitete Brett oder Blech.

7. Zieh von Zwiebel und Knoblauch mit einem kleinen Messer die trockene Haut ab. Schneide mit dem Messer die Zwiebel in Würfel und den Knoblauch in dünne Scheiben. Verlese den Spinat und zwicke dabei die groben Stiele ab. Dann musst du den Spinat sehr gründlich in kaltem Wasser waschen und anschließend in einer Salatschleuder trocken schleudern.

8. Gib die Butter in eine Pfanne und erhitze sie. Gib die vorbereiteten Gnocchi, die Zwiebelwürfel und den Knoblauch in die Pfanne und brate alles von allen Seiten unter gelegentlichem Wenden bei schwacher bis mittlerer Hitze 3-4 Minuten an.

9. Gib dann den vorbereiteten Spinat mit in die Pfanne. Nach etwa 1 Minute sind die zarten Blättchen bereits gar. Dann kannst du die Sahne in die Pfanne gießen und alles einmal aufkochen. Würze das Gericht mit Salz, Pfeffer und Muskat, verrühre alles behutsam und serviere es.

Tipp

2 Tomaten unter fließend kaltem Wasser abspülen und abtrocknen. Tomaten vierteln, Strunk und Kerngehäuse abschneiden. Tomatenzungen erst in Streifen, dann in Würfel schneiden. Tomatenwürfel über die Spinat-Gnocchi streuen. Wer mag, hobelt frischen Parmesan darüber.

Reibekuchen Kartoffelpuffer

Zutaten für 6 Kinder

800 g festkochende Kartoffeln

1 kleine Zwiebel

2 Eier (Größe M)

1 gestr. TL Salz

gem. Pfeffer

ger. Muskatnuss

30 g Weizenmehl

75 ml Speiseöl, z. B. Sonnenblumenöl

1. Die Kartoffeln musst du mit einem Sparschäler schälen, dann abspülen und abtropfen lassen. Zieh von der Zwiebel die trockene Haut ab. Auf der groben Seite einer Haushaltsreibe (mit Fingerschutz!) reibst du die Kartoffeln und Zwiebel. Drücke mit den Händen aus der Masse eventuell etwas Flüssigkeit aus.

2. Verrühre mit einem Kochlöffel die Masse aus Kartoffeln und Zwiebel mit den Eiern, etwas Salz, Pfeffer, Muskatnuss und dem Mehl Ⓐ.

3. Erhitze etwas von dem Speiseöl in einer beschichteten Pfanne. Gib den Teig portionsweise mit einer Kelle oder einem großen Löffel in die Pfanne Ⓑ. Drück den Teig in der Pfanne mit einem Löffel flach und brate ihn bei mittlerer Hitze von beiden Seiten, bis der Rand knusprig braun ist. Nimm die fertigen Reibekuchen aus der Pfanne und lege sie auf Küchenpapier.

4. Tupfe die Reibekuchen mit Küchenpapier ab, um überschüssiges Fett zu entfernen Ⓒ. Serviere die Reibekuchen sofort oder stelle sie warm. Brate aus dem restlichen Teig auf die gleiche Weise weitere Reibekuchen.

Tipps

Wenn du besonders knusprige Reibekuchen haben möchtest, ersetzt du die Hälfte des Mehls durch 2–3 Esslöffel Haferflocken.

Du kannst die Reibekuchen herzhaft mit etwas Crème fraîche und etwa 100 g feinen Schinkenstreifen oder süß mit Apfelmus und Zimtzucker servieren.

Die Reibekuchen schmecken auch kalt als Belag auf einem Butterbrot.

A

B

C

Risotto

Zutaten für 4 Kinder

1 kleine Zwiebel

50 g Butter

200 g Risottoreis, z. B. Arborio

400–500 ml heiße Gemüsebrühe

40 g ger. Parmesan

Salz

gem. Pfeffer

1 EL gemischte, klein geschnittene Kräuter, z. B. Petersilie, Basilikum, Schnittlauch

1. Ziehe von der Zwiebel mit einem kleinen Messer die trockene Haut ab und schneide die Zwiebel in kleine Würfel.

2. Erhitze Butter in einem Topf, sodass sie schmilzt. Gib die Zwiebelwürfel hinzu und lass sie goldgelb werden. Gib den Reis hinzu und dünste ihn glasig, dabei mit einem Kochlöffel rühren (A).

3. Gieße so viel von der heißen Brühe hinzu, dass der Reis bedeckt ist (B). Lass den Reis ohne Deckel bei schwacher Hitze kochen, bis die Flüssigkeit fast aufgesogen ist, rühre dabei gelegentlich um. Verfahre mit der restlichen Brühe genauso, bis der Reis nach etwa 20 Minuten gar ist. Rühre den Parmesan unter den Reis.

4. Probiere das Risotto und würze es mit Salz und Pfeffer, bis es dir schmeckt.

5. Fülle es dann in eine vorgewärmte Schüssel und bestreue es mit den Kräutern.

Tipp

Das Risotto kannst du mit einem gemischten Salat als Hauptgericht essen oder zusammen mit in der Pfanne gebratenem Fleisch oder Fisch, dann reicht die Menge für 6–8 Kinder.

A

B

Pasta selbst machen

Zutaten für 4–6 Kinder

300 g Weizenmehl (Type 405 oder 550)

3 Eier (Größe M)

1 Prise Salz

Weizenmehl zum Bestäuben

1. Gib das Mehl in eine ausreichend große Schüssel oder auf die Arbeitsfläche. Drück in die Mitte vom Mehl eine Mulde, in die du die Eier und das Salz hineingibst. Verrühre die Eier mit einer Gabel von der Mitte der Mulde nach außen und nimm dabei möglichst viel Mehl auf, bis ein klebriger, dickflüssiger Teig entsteht.

2. Reib deine Hände mit Mehl ein und knete die Masse in 5–10 Minuten zu einem glatten Teig. Der Teig soll glatt, glänzend und elastisch sein.

3. Forme den Teig zu einer Kugel, wickle ihn in Frischhaltefolie und lass ihn 30 Minuten im Kühlschrank ruhen.

4. Rolle den Teig mit einer Teigrolle (Nudelholz) auf der leicht mit Mehl bestreuten Arbeitsfläche dünn aus und verarbeite ihn weiter – etwa zu Bandnudeln, oder Lasagneplatten. Auch für gefüllte Nudeln kannst du den Teig verwenden.

Tipps

Am besten nimmst du italienisches Weizenmehl Typ 00 oder Tipo 00 oder Pastamehl. Es wird aus einer speziellen Weizensorte hergestellt. Du kannst auch 150 g Weizenmehl und 150 g Hartweizengrieß verwenden. Probiere mal aus, welche Pasta dir am besten schmeckt und gelingt. Auch aus Dinkelmehl kannst die Pasta zubereiten.

Lachsragout zu Pasta

Zutaten für 4 Kinder

400 g Lachsfilet ohne Haut (frisch oder TK)

2 EL Zitronensaft

3 Frühlingszwiebeln

175 g kleine Champignons

1 EL Butter oder Margarine

Salz

gem. Pfeffer

150 g stückige Tomaten (aus der Dose)

½ TL Zucker

3 ½ l Wasser

3 ½ gestr. TL Salz

300 g schmale Bandnudeln, z. B. Tagliatelle

100 g Crème fraîche

½ Bund Basilikum

1. Tupfe die Lachsfilets (lass TK-Lachsfilets vorher auf einem Teller abgedeckt im Kühlschrank auftauen) mit Küchenpapier ab. Schneide das Lachsfilet mit einem kleinen Messer in etwa 3 cm große Würfel, beträufle die Würfel mit Zitronensaft und mariniere sie kurz.

2. Putze die Frühlingszwiebeln, spüle sie und lass sie abtropfen. Schneide sie mit einem kleinen Messer in feine Scheiben. Putze die Champignons, reibe sie mit Küchenpapier ab, spüle sie eventuell ab und tupfe sie trocken. Halbiere die Champignons.

3. Zerlasse die Butter oder Margarine in einer großen beschichteten Pfanne. Tupfe die Lachswürfel mit Küchenpapier trocken und brate sie in der Butter oder Margarine kurz von allen Seiten knusprig an, wende sie zwischendurch mit einem Pfannenwender. Würze die Lachswürfel mit Salz und Pfeffer und nimm sie aus der Pfanne und lege sie auf einen großen Teller.

4. Dünste die Frühlingszwiebelscheiben und Champignonhälften in dem Bratfett etwa 4 Minuten unter Wenden mit einem Kochlöffel an.

5. Rühre die Tomatenstücke unter. Würze alles mit Salz, Pfeffer und dem Zucker. Lass die Sauce etwa 5 Minuten bei mittlerer Hitze einkochen.

6. In der Zwischenzeit bringst du für die Nudeln Wasser in einem großen Topf zugedeckt zum Kochen. Wenn das Wasser kocht, gibst du Salz und die Bandnudeln hinzu.

7. Lass die Bandnudeln im geöffneten Topf bei mittlerer Hitze nach Packungsanleitung kochen. Rühre dabei zwischendurch mit einem Kochlöffel 4–5-mal um.

8. Anschließend gibst du die Bandnudeln auf ein Sieb, spülst sie mit heißem Wasser ab und lässt sie abtropfen.

9. Rühre die Crème fraîche unter die Sauce. Probiere die Sauce und würze sie mit Salz und Pfeffer, bis sie dir schmeckt. Gib die Lachswürfel in die Sauce und erhitze sie 3–5 Minuten mit.

10. Spüle das Basilikum ab und tupfe es trocken. Zupfe die Blättchen von den Stängeln.

11. Richte das Lachsragout mit den Bandnudeln an. Du kannst das Gericht mit den Basilikumblättchen dekorieren und dann servieren.

Spaghetti Bolognese

Zutaten für 6 Kinder

1 Zwiebel

2 Möhren

100 g Knollensellerie

2 EL Olivenöl

250 g Rinderhackfleisch

2 EL Tomatenmark

800 g stückige Tomaten (aus der Dose)

Salz

gem. Pfeffer

gerebelter Oregano

4 l Wasser

4 gestr. TL Salz

400 g Spaghetti

4-6 EL ger. Parmesan

1. Zieh von der Zwiebel mit einem kleinen Messer die trockene Haut ab. Schneide die Zwiebel in Würfel. Die Möhren und den Sellerie musst du schälen und anschließend ebenfalls in feine Würfel schneiden.

2. Erhitze das Olivenöl in einer großen Pfanne. Gib das Hackfleisch hinzu und brate es unter Rühren an. Zerdrücke die Fleischklümpchen dabei mit einem Kochlöffel. Gib das Tomatenmark hinzu und brate es ebenfalls unter Rühren mit an.

3. Gib dann die Zwiebelwürfel, die Gemüsewürfel und die Tomaten zum Hackfleisch. Verrühre die Zutaten gut miteinander. Würze die Sauce mit Salz, Pfeffer und Oregano. Lass die Sauce zugedeckt etwa 15 Minuten bei schwacher Hitze kochen.

4. In der Zwischenzeit gießt du 4 Liter Wasser in einen großen Topf und bringst es auf dem Herd zugedeckt zum Kochen. Dann gibst du das Salz und die Spaghetti dazu. Die Spaghetti werden im geöffneten Topf bei mittlerer Hitze nach den auf der Packung aufgedruckten Angaben zur Kochzeit bissfest gekocht und dabei gelegentlich umgerührt A.

5. Gieß den Inhalt des Topfes schließlich in der Spüle in ein Sieb, sodass die Spaghetti im Sieb bleiben. Spül sie mit heißem Wasser ab B und lass sie gut abtropfen.

6. Verteil die Spaghetti auf Tellern und gib die Bolognesesauce darauf. Am Ende bestreust du alles mit geriebenem Parmesan.

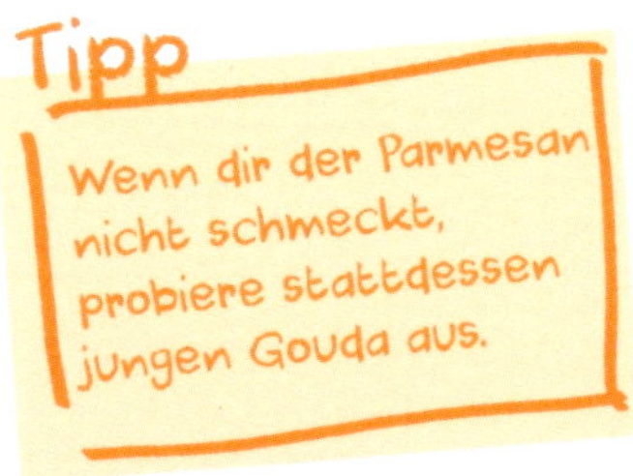

A

B

Spaghetti Carbonara

Zutaten für 6 Kinder

4 l Wasser

4 gestr. TL Salz

400 g Spaghetti

125 g durchwachsener Speck, in feine Scheiben geschnitten

1 EL Olivenöl

4 Eier

50 g ger. Parmesan

Salz

gem. Pfeffer

6 EL Schlagsahne

30 g Butter

1. Für das Nudelkochen gießt du etwa 4 Liter Wasser in einen großen Topf. Leg einen Deckel auf den Topf und bring das Wasser zum Kochen. Dann gib Salz und Nudeln hinzu. Die Nudeln werden im geöffneten Topf bei mittlerer Hitze bissfest gekocht und dabei gelegentlich mit einem Kochlöffel umgerührt. Wie lang die Nudeln brauchen, steht auf der Nudelpackung.
2. Gib die Nudeln anschließend in ein Sieb, spül sie mit heißem Wasser ab und lass sie gut abtropfen.
3. Während die Nudeln kochen, schneidest du den Speck in kleine Würfel oder feine Streifen.
4. Erhitze Olivenöl in einer großen Pfanne und brate den Speck bei mittlerer Hitze, bis er leicht knusprig geworden ist. Lege 1–2 Esslöffel davon auf einem kleinen Teller zur Seite.
5. Schlage die Eier einzeln in eine Tasse auf und gib sie nacheinander in eine größere Schüssel. Gib den Parmesan, etwas Salz und Pfeffer sowie die Schlagsahne dazu und verrühre alles mit einem Schneebesen.
6. Gib die Butter zu den Speckwürfeln in die Pfanne, sodass sie schmilzt und verläuft.
7. Gib dann die abgetropften Nudeln und das Eiergemisch zu den Speckwürfeln in die Pfanne. Vermische alles für 1–2 Minuten, bis die Eiermasse gestockt ist.
8. Serviere die Nudeln auf Tellern und bestreue sie mit den Speckstreifen.

Du kannst auch Bacon (Frühstücksspeck) verwenden.

Tomatensauce

Zutaten für 4–6 Kinder

1 kg reife aromatische Tomaten

1 Zwiebel

1 Knoblauchzehe

2–3 EL Olivenöl

evtl. 2 EL Tomatenmark

Salz

gem. Pfeffer

etwa 1 TL Voll-Rohrzucker

1 Spritzer Weißweinessig

1 EL klein geschnittener Oregano

1. Für die Tomatensauce schneidest mit einem kleinen Messer die Stängelansätze aus den Tomaten heraus Ⓐ. Schneide ein Kreuz in die Haut der Tomaten Ⓑ und übergieße sie mit kochendem Wasser. Nimm die Tomaten nach 1–2 Minuten mit einer Schaumkelle wieder heraus und schrecke sie mit kaltem Wasser ab. Jetzt kannst du die Haut von den Tomaten abziehen.

2. Schneide die Tomaten danach in Hälften und dann in Würfel. Ziehe die trockene Haut von der Zwiebel und der Knoblauchzehe ab und schneide die Zwiebel und den Knoblauch danach in kleine Würfel.

3. Erhitze das Olivenöl in einem Topf. Gib die Zwiebelwürfel und die Knoblauchwürfel dazu und dünste sie an. Danach fügst du die Tomatenwürfel hinzu und kannst nach Belieben noch Tomatenmark unterrühren. Würze die Zutaten mit Salz und Pfeffer. Bring die Tomatenmasse zum Kochen und lass sie mit einem Deckel zugedeckt etwa 15 Minuten bei schwacher Hitze leicht kochen. Rühre die Sauce in der Zeit ab und zu um.

4. Püriere die Sauce mit einem Pürierstab Ⓒ, bis sie eine Konsistenz hat, die dir gefällt. Probiere sie und gib noch Salz, Pfeffer, Zucker, Essig und Oregano hinzu, bis sie dir schmeckt.

Tipps

Die Tomatensauce schmeckt super zu Spaghetti. Dafür kochst du 250–400 g Spaghetti, je nachdem wieviel Hunger ihr habt. Dann servierst du die Spaghetti mit der Tomatensauce und geriebenem Parmesan.

Sollte die fertige Sauce noch zu flüssig sein, lässt du sie entweder bei mittlerer Hitze noch etwas einkochen oder bindest die Sauce mit hellem Saucenbinder.

Die Zugabe von Tomatenmark macht die Sauce sämig und gibt ihr einen intensiven Tomatengeschmack.

A

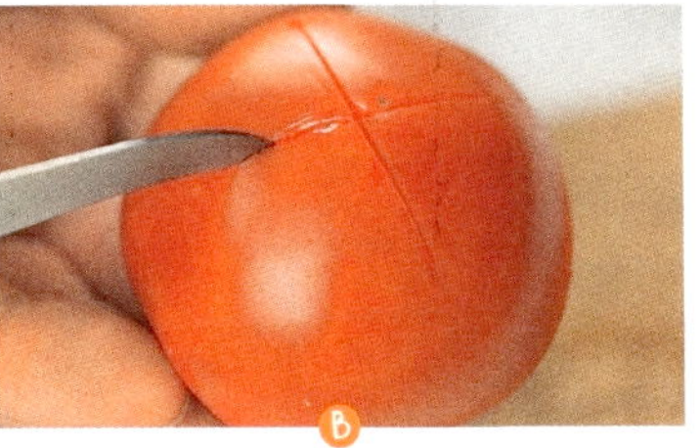
B

C

Spätzle selber machen

Zutaten für 4 Kinder

250 g Weizenmehl (z.B. Type 405)

3 Eier (Größe M)

1 gestr. TL Salz

ger. Muskatnuss

4–5 EL Wasser

1–2 EL Speiseöl, z. B. Rapsöl

40 g Butter

1. Gib das Mehl in eine Rührschüssel. In der Mitte drückst du eine kleine Vertiefung hinein A. Schlag die Eier einzeln in eine Tasse auf und gib sie in die Mulde im Mehl. Gib Salz und Muskatnuss (die Muskatnuss einfach einige Male über die Reibe schieben) sowie das Wasser in die Vertiefung. Dann nimm den Mixer (Knethaken) oder einen Kochlöffel zur Hilfe und verrühre die Zutaten zu einem Teig. Achte darauf, dass keine Klümpchen entstehen. Den Teig musst du dann so lange rühren, bis er Blasen wirft. Anschließend solltest du den Teig etwa 10 Minuten ruhen lassen.

2. Gib etwa 3 Liter Wasser und 3 Teelöffel Salz in einen großen Topf und bring das Wasser zum Kochen. Stell zusätzlich eine ausreichend große Schüssel zum Abschrecken oder Abkühlen mit eiskaltem Wasser bereit (mit ein paar Eiswürfeln).

3. Gib den Teig in mehreren Portionen mit einer Spätzlepresse in das köchelnde Wasser B. Schwimmen die Spätzle an der Oberfläche, sollen sie noch 1–2 Minuten im leicht köchelnden Wasser ziehen.

4. Die garen Spätzle hebst du am besten mit einer Schaumkelle oder einem Küchensieb (mit Stiel oder Griff) aus dem Wasser C. Gib sie sofort in das kalte Wasser.

5. Nach dem Abschrecken lässt du die Spätzle in einem Küchensieb abtropfen und beträufelst sie mit dem Öl, damit sie nicht zusammenkleben.

6. Gib die Butter in eine beschichtete Pfanne und erhitze sie, bis sie ganz leicht braun wird. Gib dann die Spätzle hinein und brate sie für etwa 5 Minuten. Zwischendurch musst du sie mit einem Pfannenwender wenden.

A

B

C

Variante Käsespätzle

Bei Punkt 6 nach dem Anbraten 100 ml Sahne und 100 g geriebenen Käse (z. B. Emmentaler) mit in die Pfanne geben und alles behutsam mit einem Kochlöffel durchrühren. Bei Bedarf noch mit Salz und Pfeffer abschmecken. Auf einer Platte oder auf Tellern anrichten und z. B. mit frisch geschnittener Petersilie und/oder jeweils mit 1 EL fertigen Röstzwiebeln bestreuen.
Du kannst die Käsespätzle auch im Ofen überbacken. Dafür die in Sahne und Käse verrührten Spätzle in eine gebutterte Auflaufform geben und im vorgeheizten Backofen (200 °C Ober-/Unterhitze, 180 °C Heißluft) etwa 15 Minuten überbacken. Dann mit Petersilie und/oder Röstzwiebeln bestreut servieren.

Mildes Chili con carne

Zutaten für 4–6 Kinder

1 Zwiebel

2 EL Olivenöl

250 g Hackfleisch (halb Rindfleisch und halb Schweinefleisch, es geht aber auch nur Rindfleisch)

½ TL Salz

gem. Pfeffer

1 rote oder gelbe Paprika

1 TL Paprikapulver, edelsüß

½ TL Paprikapulver, scharf

5 EL Tomatenmark

3 EL Tomatenketchup

250 ml Wasser

1 EL Instant-Gemüsebrühepulver oder 1 Würfel Gemüsebrühe

1 Dose stückige Tomaten (Abtropfgewicht 400 g)

1 Dose Mais (Abtropfgewicht 285 g)

1 Dose Kidneybohnen Abtropfgewicht 255 g)

4 TL saure Sahne oder Crème fraîche

1. Zieh von der Zwiebel mit einem kleinen Messer die trockene Haut ab und schneide sie in kleine Würfel. Hierfür die halbierte Zwiebel auf die Schnittfläche legen und mehrfach quer und im Anschluss längs einschneiden A und dann würfeln B.

2. Erhitze das Öl in einem großen Topf. Gib die Zwiebelwürfel hinein und lass sie unter Rühren mit einem Kochlöffel in 2–3 Minuten glasig werden C. Gib das Hackfleisch hinzu, würz mit Salz und Pfeffer und lass alles unter Rühren 4–5 Minuten anbraten.

3. Die Paprika musst du abspülen und vierteln. Dann kannst du den Strunk, die Kernchen sowie weiße Scheidewände entfernen. Schneid die Paprika in etwa 1 cm große Stücke und gib sie zum Hackfleisch.

4. Nun kommen Paprikapulver, Tomatenmark, Tomatenketchup, Wasser, Gemüsebrühe und die stückigen Tomaten mit der Flüssigkeit in den Topf. Das Ganze solltest du dann bei schwacher Hitze etwa 35 Minuten leicht köcheln lassen, dabei musst du es hin und wieder mit dem Kochlöffel umrühren.

5. Lass Mais und Kidneybohnen in einem Küchensieb abtropfen. Gib das Gemüse zum Hackfleisch in den Topf und lass alles noch etwa 5 Minuten köcheln.

6. Schmeck das Chili noch einmal mit etwas Salz und Pfeffer ab, gib es auf vier tiefe Teller und toppe es mit jeweils 1 Teelöffel saurer Sahne oder Crème fraîche.

Fleischlose Variante

Das Hackfleisch einfach durch 250 g getrocknete Soja-Schnetzel ersetzten. Diese nach Gebrauchsanleitung einweichen und wie im ursprünglichen Rezept vorgesehen weiter verarbeiten.

A

B

C

Aus dem Backofen

Eiermuffins

Zutaten für 12 Portionen

Für die Füllung

20 g geriebener Käse, z. B. Emmentaler, Parmesan, Cheddar

50 g Babyspinat

10–12 Cocktailtomaten

10 Eier (Größe M)

100 ml Sahne

Salz

gem. Pfeffer

½ TL Paprikapulver, edelsüß

ger. Muskatnuss

Tipps

Die Eiermuffins können warm oder kalt gegessen werden. Sie eignen sich gut für ein Fest oder einen Ausflug.

1. Schieb den Rost auf einer mittleren Schiene in den Backofen. Lege Papierförmchen in die Mulden einer 12er Muffinform A.

2. Heize den Backofen vor.
Ober-/Unterhitze: etwa 180 °C
Heißluft: etwa 160 °C.

3. Für die Füllung nimm geriebenen Käse oder reibe den Käse frisch. Verlese den Babyspinat, wasche ihn in kaltem Wasser, schleudere ihn in einer Salatschleuder trocken und schneide ihn in grobe Stücke. Spüle die Cocktailtomaten ab, trockne sie ab und schneide sie mit einem kleinen Messer in Hälften.

4. Schlag die Eier nacheinander einzeln in eine Tasse auf B (damit kannst du sehen und riechen, ob die Eier in Ordnung sind) und gib sie in eine Rührschüssel. Gieße die Sahne hinzu, dann würze mit Salz, Pfeffer, Paprikapulver und geriebener Muskatnuss.

5. Schlage die Eiermasse mit einem Mixer (Rührbesen) für etwa 1 Minute auf mittlerer Stufe auf, bis die Masse leicht schaumig geworden ist.

6. Fülle die Eiermasse nun mit einer Kelle oder einem Litermaß in die Papierförmchen. Dabei darfst du die Förmchen aber nur zu ⅔ füllen, da noch die Füllung dazu kommt und die Eiermasse beim Backen aufgeht.

7. Verteile die vorbereitete Füllung in die Förmchen C. Die Füllung leicht in die Eiermasse hineindrücken.

8. Stelle das Muffinblech mit Ofenhandschuhen auf den Rost im Backofen und lasse die Eiermasse für etwa 40 Minuten im Backofen, dann ist die Eiermasse gestockt und gar.

A

B

C

Varianten für die Füllung

(Mengen jeweils für 10–12 Muffins):

- 20 g Schafskäse oder Ziegenfrischkäse oder Frischkäse, mit einer Gabel zerdrückt
- ¼ Zucchini abgespült, abgetrocknet, mit einer Küchenreibe geraffelt oder in Würfel geschnitten
- ¼ rote Paprika abgespült, abgetrocknet, entstielt, entkernt, weiße Scheidewände entfernt, in kurze Streifen oder Würfel geschnitten
- 20 g Salamischeiben, in feine Streifen geschnitten
- 2 Frühlingszwiebeln, geputzt, abgespült, abgetrocknet, in Ringe geschnitten
- 2 EL Röstzwiebeln
- 20 g Kochschinken, in Streifen oder Würfel geschnitten
- 2 Champignons, geputzt und in feine Scheiben geschnitten
- ½ Bund Schnittlauch, abgespült, abgetrocknet und in Röllchen geschnitten

Backkartoffeln

Zutaten für 4 Kinder

4 große mehligkochende Kartoffeln (etwa 1 kg)

150 g Crème fraîche

1 EL gehackte Petersilie

Salz

gem. Pfeffer

evtl. einige Kümmelsamen

1. Schiebe den Rost in die Mitte des Backofens. Heize den Backofen vor.
Ober-/Unterhitze: etwa 200 °C
Heißluft: etwa 180 °C

2. Zuerst musst du die Kartoffeln gründlich waschen und eventuell abbürsten A. Gib sie dann in einen Topf und gieß Wasser darüber, bis die Knollen gerade eben bedeckt sind. Leg einen Deckel auf den Topf und bring das Wasser zum Kochen. Koche die Kartoffeln etwa 20 Minuten vor und gieße sie dann ab.

3. Lege die feuchten Kartoffeln in eine Auflaufform B. Stell die Form auf dem Rost in den Backofen. Lass die Kartoffeln etwa 20 Minuten im Ofen.

4. Verrühre in der Zwischenzeit die Crème fraîche mit Petersilie und würze die Mischung mit etwas Salz und Pfeffer. Wenn du möchtest und es dir schmeckst, kannst du auch ein wenig Kümmel dazugeben.

5. Nimm die Auflaufform vorsichtig mit Ofenhandschuhen aus dem Ofen und stelle sie auf einen Kuchenrost.

6. Mach bei den Kartoffeln eine Garprobe: steck einen Spieß in eine Knolle. Lässt sich der Spieß leicht einstechen, sind die Kartoffeln gar.

7. Drücke die Kartoffeln auseinander C. Verteile die Sauce auf den Kartoffeln oder reiche sie extra dazu.

A

B

C

Gemüse aus der Pergamenthülle

Zutaten für 6–8 Kinder

500 g junge Möhren

2 Kohlrabi (je etwa 200 g)

1 Fenchelknolle (etwa 300 g)

200 g Staudensellerie

200 g kleine grüne Bohnen, z. B. Prinzessbohnen

250 g Zuckerschoten

500 g neue kleine Kartoffeln

½ Bund Kerbel

2 Knoblauchzehen

2 EL Olivenöl

Salz

gem. Pfeffer

Außerdem:

1 Stück Pergamentpapier oder Backpapier

1. Putze die Möhren mit einem kleinen Messer und schneide das Grün bis auf 2 cm ab. Schäle die Möhren mit einem Sparschäler, spüle sie ab und lass sie abtropfen.

2. Schäle die Kohlrabi, spüle sie ab und lass sie abtropfen. Schneide die Kohlrabi zuerst in Scheiben und danach in Stifte.

3. Schneide von der Fenchelknolle den Stiel dicht oberhalb der Knolle ab. Putze den Fenchel und schneide die Wurzelenden gerade. Spüle den Fenchel ab, lass ihn abtropfen und schneide ihn in Spalten.

4. Putze den Staudensellerie und ziehe die harten Außenfäden ab. Spüle den Sellerie ab und lass ihn abtropfen. Schneide den Sellerie in kleine Stücke. Schneide von den Bohnen die Enden ab und ziehe eventuelle Fäden ab. Spüle die Bohnen ab, lass sie abtropfen und schneide sie in Stücke.

5. Heize den Backofen vor.
Ober-/Unterhitze: etwa 200 °C
Heißluft: etwa 180 °C

6. Schneide von den Zuckerschoten die Enden ab und entferne eventuelle Fäden. Spüle die Schoten ab und lass sie abtropfen. Wasche die Kartoffeln gründlich unter fließendem kalten Wasser und bürste sie. Spüle den Kerbel ab und tupfe ihn trocken. Zupfe die Blättchen von den Stängeln und zerkleinere die Blättchen mit einer Küchenschere grob.

7. Mische die vorbereiteten Gemüsezutaten in einer Schüssel. Schneide den Knoblauch mit der Haut in Scheiben und mische ihn unter. Füge das Olivenöl hinzu und würze das Gemüsegemisch mit Salz und Pfeffer.

8. Gib die Gemüsemischung auf ein großes Stück Pergamentpapier oder Backpapier, mach daraus ein Päckchen, indem du erst die beiden Längsseiten über dem Gemüse zusammenfaltest und dann die beiden Enden schließt. Gib es auf ein Backblech.

9. Schiebe das Backblech mit Ofenhandschuhen in die Mitte des Backofens. Das Gemüse muss dort etwa 30 Minuten garen.

10. Nimm das Päckchen mit Ofenhandschuhen aus dem Backofen und stelle es auf einen Kuchenrost. Öffne das Päckchen vorsichtig, da heißer Dampf dabei entweicht.

11. Richte das Gemüse auf einer vorgewärmten Platte an und serviere es.

Gemüsepommes

Zutaten für 4–6 Kinder

Für die Gemüsepommes:

400 g Kohlrabi

400 g Möhren

600 g große, festkochende Kartoffeln

Salz

4 EL Speiseöl, z. B. Rapsöl

Für den Joghurtdip:

½ Bund Dill

einige Stängel Petersilie

½ Bund Schnittlauch

500 g Sahnejoghurt (10 % Fett)

1 Prise Zucker

gem. Pfeffer

1. Heize den Backofen vor.
Ober-/Unterhitze: etwa 200 °C
Heißluft: etwa 180 °C

2. Für die Gemüsepommes die Kohlrabiknollen, die Möhren und die Kartoffeln schälen, abspülen, abtropfen lassen und in etwa 1 cm dicke Stifte („Pommes") schneiden.

3. Gib das Gemüse auf ein Backblech und bestreue es mit 2 gestrichenen Teelöffeln Salz. Verteile das Öl darüber und vermische alles gründlich. Dann solltest du das Gemüse gut auf dem Blech verteilen.

4. Schieb das Blech mit Ofenhandschuhen in die Mitte des vorgeheizten Backofens. Gare die Gemüsepommes zuerst etwa 15 Minuten, dann wende die Pommes und gare sie weitere 15–20 Minuten. (Achtung – das Blech vorsichtig mit Ofenhandschuhen aus dem Ofen nehmen!)

5. In dieser Zeit kannst du den Joghurtdip zubereiten. Spül die Kräuter ab und tupfe sie trocken. Den Dill teilst du in kleine Zweige, von der Petersilie zupfst du die Blätter von den Stängeln. Dill und Petersilie schneidest du dann mit einem kleinen Messer klein. Den Schnittlauch schneidest du mit einer Schere in feine Röllchen. Die Kräuter rührst du mit einem Esslöffel unter den Joghurt und würzt alles mit Salz und Zucker.

6. Bestreue die Gemüsepommes mit etwas Salz und Pfeffer und serviere sie mit dem Dip.

Pommes Frites vom Blech

Zutaten für 4 Kinder

6 große, vorwiegend festkochende Kartoffeln (etwa 800 g)

4–5 EL Speiseöl, z. B. Sonnenblumenöl

1 TL Paprikapulver edelsüß

Salz

1. Lege das Backblech mit Backpapier aus.
Heize den Backofen vor.
Ober-/Unterhitze: etwa 220 °C
Heißluft: etwa 200 °C

2. Die Kartoffeln musst du mit einem Sparschäler schälen, abspülen und abtropfen lassen. Schneide die Kartoffeln erst in 1 ½ cm dicke Scheiben, dann in 1 ½ cm dicke Stäbchen. Misch das Öl und das Paprikapulver in einer ausreichend großen Schüssel, gib die Kartoffelstäbchen dazu und vermenge sie mit dem Paprikaöl.

3. Verteile die vorbereiteten Pommes gleichmäßig auf dem Backblech und backe sie im vorgeheizten Ofen (Mitte) etwa 35 Minuten, bis sie knusprig sind. Nach der Hälfte der Backzeit nimm das Blech vorsichtig mit Ofenhandschuhen aus dem Ofen, wende die Pommes einmal und schiebe das Blech wieder in den Ofen.

4. Nimm das Backblech mit den Pommes frites vorsichtig mit Ofenhandschuhen aus dem Ofen. Stelle das Backblech auf einen Kuchenrost und fülle die Pommes in eine Schüssel. Würze die Pommes mit Salz und serviere sie.

Kartoffelecken Wedges

Zutaten für 4–6 Kinder

800 g vorwiegend festkochende, mittelgroße Kartoffeln

Salz

gem. Pfeffer

4 EL Olivenöl

1 ½ TL Kräuter der Provence

Tipps

Dazu schmecken Zaziki, Kräuterquark oder Sour Cream.

Die Kartoffel-Wedges kannst du gut als Beilage zu Schnitzeln oder Bratwurst servieren.

Pommes Frites erhältst du, wenn du die Kartoffeln statt in Spalten in Stifte schneidest. Die Garzeit verkürzt sich, je nach Dicke der Kartoffelstifte, um wenige Minuten.

1. Belege ein Backblech mit Backpapier. Heize den Backofen vor.
   Ober-/Unterhitze: etwa 180 °C
   Heißluft: etwa 160 °C

2. Die Kartoffeln zuerst unter fließendem kalten Wasser gründlich abspülen bzw. abbürsten und abtropfen lassen. Schneide die Kartoffeln dann längs in vier Stücke (Spalten, A) und würze sie mit Salz und Pfeffer.

3. In einer Schüssel vermisch das Öl zuerst gründlich mit den Kräutern, dann mit den Kartoffeln. Die Kartoffeln verteilst du auf dem Backblech B.

4. Schieb das Backblech mit Ofenhandschuhen in den vorgeheizten Backofen (Mitte) und lass die Kartoffeln etwa 35 Minuten garen. Dreh die Kartoffelecken dabei 2–3mal um, damit sie rundherum gleichmäßig braun werden. Achtung – nimm das Blech mit Ofenhandschuhe aus dem Ofen!

5. Nimm das Backblech mit Ofenhandschuhen aus dem Backofen und stelle es auf einen Kuchenrost. Dann kannst du die Wedges auf Teller oder in kleine Schalen verteilen.

A

B

Kartoffelgratin

Zutaten für 4–6 Kinder:

etwas Fett für die Auflaufform

800 g festkochende Kartoffeln

150 ml Milch (3,5 % Fett)

100 g Schlagsahne

Salz

gem. Pfeffer

ger. Muskatnuss

3 EL ger. Parmesan oder anderer Hartkäse

1. Fette eine flache ovale Auflaufform. Schieb den Rost in die Mitte des Backofens. Heize den Backofen vor.
Ober-/Unterhitze: etwa 180 °C
Heißluft: etwa 160 °C

2. Schäle die Kartoffeln mit einem Sparschäler, spüle sie ab, tupfe sie trocken und schneide sie in dünne Scheiben. Lege die Kartoffelscheiben wie Dachziegel einander leicht überlappend in die Auflaufform A. Du kannst sie auch einfach in der Form verteilen, dann sieht das Gratin später nur nicht ganz so schön aus.

3. Verrühr die Milch mit der Sahne und etwas Salz, Pfeffer und Muskat und gieß diese Mischung über die Kartoffelscheiben B. Streu den Parmesan darüber C.

4. Stell die Form mit Ofenhandschuhen auf den Rost in den vorgeheizten Backofen. Gare das Gratin etwa 45 Minuten. Es sollte schön goldbraun sein.

5. Nimm die Form mit Ofenhandschuhen aus dem Backofen und stell die Form auf einen Kuchenrost. Dann kannst du mit einem Löffel das Gratin portionsweise auf Tellern verteilen.

A

B

C

Süßkartoffelecken vom Blech

Zutaten für 4 Kinder

4 Süßkartoffeln (je 300 g)

Salz und Pfeffer
oder Pommesgewürz
(Seite 15)

2 EL Olivenöl

2 EL Pankobrösel (das sind spezielle Semmelbrösel, die es im Asialaden gibt, du kannst aber auch normale Semmelbrösel verwenden)

1. Leg ein Backblech mit Backpapier aus.
Heize den Backofen vor.
Ober-/Unterhitze: etwa 200°C
Heißluft; etwa 180°C

2. Die Süßkartoffeln solltest du zuerst waschen, evtl. abbürsten und dann abtrocknen. Schneide sie dann längs in Spalten A und gib sie in eine große Schüssel. Würze sie mit Salz und Pfeffer oder Pommesgewürz. Gib Olivenöl dazu und vermische alles mit einem Kochlöffel. Gib dann auch die Pankobrösel oder die Semmelbrösel dazu und vermische alles noch einmal gründlich B.

3. Verteile die Süßkartoffelecken auf dem vorbereiteten Backblech. Jede Ecke sollte für sich liegen, damit sie sich nicht berühren und beim Backen schön knusprig werden können C.

4. Schiebe das Backblech mit Ofenhandschuhen in die Mitte des Backofens. Lasse sie etwa 20 Minuten backen. Nimm Sie vorsichtig mit Ofenhandschuhen aus dem Backofen (Lass dir evtl. von einem Erwachsenen helfen!).

Beilage: Guacamole

Werden die Süßkartoffelecken als Snack gegessen, kann man während der Backzeit schnell einen leckeren, einfachen Dip zubereiten. Dafür halbierst du 2 schön reife Avocados längs. Dann löst du den Kern heraus D. Das Fruchtfleisch hebst du mit einem Esslöffel aus der Schale und gibst es in eine Schüssel. Dann presst du den Saft einer Limette mit einer Saftpresse aus E. Du gibst den Saft zusammen mit einer Prise Chilipulver, Salz und 1 Esslöffel Olivenöl zur Avocado. Jetzt mit einer Gabel alles zu einer glatten Masse drücken und rühren F. Den so entstandene Avocadodip (Guacamole) zu den fertig gebackenen Süßkartoffelecken reichen.

A

B

C

Tipp

Süßkartoffeln vom Blech können als Beilage zu Gegrilltem oder Gebratenem serviert werden.

D

E

F

Schnitzel aus dem Backofen

Zutaten für 12 Schnitzel

6 Schnitzel (je etwa 180 g)

Salz

gem. Pfeffer

50 g Weizenmehl

75 g Semmelbrösel

2 Eier (Größe M)

3 EL Wasser

60 ml Sonnenblumenöl

1 EL Paprikapulver edelsüß

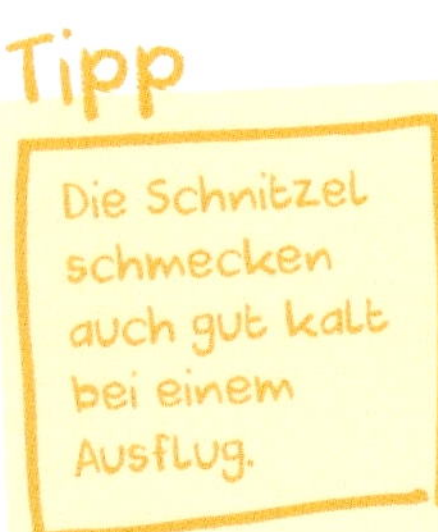

1. Heize den Backofen vor.
Ober-/Unterhitze: etwa 220 °C
Heißluft: etwa 200 °C

2. Tupfe die Schnitzel mit Küchenpapier ab und schneide sie jeweils in 2 Hälften. Bestreue sie mit Salz und Pfeffer. Stelle drei tiefe Teller nebeneinander. Gib Mehl und Semmelbrösel in jeweils einen der Teller. Im dritten Teller verquirlst du die Eier mit Wasser.

3. Wende die Schnitzel zuerst in Mehl A und schüttele überschüssiges Mehl ab. Dann ziehen sie durch die Eiermasse B, streife sie am Tellerrand etwas ab und wende sie dann in den Semmelbröseln C. Drücke die Panade etwas an.

4. Verrühre Sonnenblumenöl mit Paprika und bestreiche ein Backblech damit. Lege die Schnitzel nebeneinander darauf und bestreiche sie ebenfalls mit dem Öl-Paprika-Gemisch.

5. Schiebe das Backblech mit Ofenhandschuhen in die Mitte des vorgeheizten Backofens. Backe die Schnitzel insgesamt etwa 25 Minuten. Nimm das Blech nach der Hälfte der Backzeit mit Ofenhandschuhen aus dem Backofen, stelle es auf einen Kuchenrost und wende die Schnitzel. Schieb das Blech wieder in den Backofen.

6. Nimm das Backblech mit Ofenhandschuhen aus dem Backofen. Stelle das Backblech auf einen Kuchenrost und verteile die Schnitzel auf Teller.

Varianten:

Du kann unter die Semmelbrösel noch etwa 1 Esslöffel geriebenen Parmesan oder gemahlene Mandeln mischen. Serviere die Schnitzel mit Bio-Zitronenspalten und Petersilienblättchen garniert. Einen zusätzlichen Geschmacks-Kick kriegen die Schnitzel, wenn du sie vor dem Panieren auf einer Seite dünn

Schnitzel-Häppchen kannst du das Fleisch auch vorbereiten und dann kalt servieren. Dann teilst du jedes Schnitzel vor dem Panieren in drei Teile.

Lachsfilet vom Blech

Zutaten für 4 Kinder

3–4 EL Cashewkerne

1 Knoblauchzehe

1 EL Sojasauce

1 EL Speiseöl,
z. B. Sonnenblumenöl

4 Lachsfilets (je etwa 100 g)

Salz

gem. Pfeffer

Tipps

Dazu schmecken Süßkartoffeln sehr lecker. Du kannst sie wie auf Seite 140 beschrieben auf einem Backblech garen und den marinierten Lachs, wie oben beschrieben 10 Minuten vor dem Ende der Garzeit der Süßkartoffeln mit auf das Backblech legen.

Als Beilage passt ein bunter Salat.

1. Belege ein Backblech mit Backpapier. Heize den Backofen vor.
Ober-/Unterhitze: etwa 200 °C
Heißluft: etwa 180 °C

2. Hacke die Cashewkerne auf einem Brett mit einem großen Messer. Zieh von der Knoblauchzehe mit einem kleinen Messer die trockene Haut ab, anschließend drückst du die Knoblauchzehe durch eine Knoblauchpresse. Verrühre Cashewkerne und Knoblauch zusammen mit der Sojasauce und dem Öl in einem tiefen Teller mit einem Esslöffel zu einer Marinade.

3. Tupfe die Lachsfilets mit Küchenpapier trocken, dann kannst du sie rundherum mit Salz und Pfeffer würzen, in der Marinade wenden und auf das vorbereitete Backblech legen. Wenn Marinade übrig ist, kannst du sie über die Fischfilets träufeln.

4. Schieb das Blech mit Ofenhandschuhen für etwa 10 Minuten in die Mitte des Backofens, bis der Lachs gar ist.

5. Nimm das Backblech mit Ofenhandschuhen aus dem Backofen und stelle es auf einen Kuchenrost. Dann kannst du die Lachsstücke mit einem Pfannenwender vom Backblech nehmen und auf Tellern verteilen.

Lasagne

Zutaten für 6–8 Kinder

Für die Sauce Bolognese:

2 Zwiebeln

2 EL Olivenöl

300 g Rinderhackfleisch

800 g stückige Tomaten (aus der Dose)

125 ml Gemüsebrühe

1 EL Tomatenmark

Salz

gem. Pfeffer

Für die Béchamelsauce:

30 g Butter oder Margarine

25 g Weizenmehl

300 ml Milch (3,5 % Fett)

200 ml Gemüsebrühe

200 g ger. Gratin-Käse

gem. Pfeffer

ger. Muskatnuss

Außerdem:

etwas Fett für die Form

12 Lasagneplatten (etwa 250 g, ohne Vorgaren)

1. Für die Sauce Bolognese ziehst du von den Zwiebeln mit einem kleinen Messer die trockene Haut ab. Dann schneidest du sie erst in Hälften, dann quer in Scheiben, längs in Streifen und dann in kleine Würfel. Erhitze etwas Olivenöl in einem Topf oder einer Pfanne. Brate das Hackfleisch darin unter Rühren an und zerdrücke die Fleischklümpchen mit einem Kochlöffel. Gib die Zwiebelwürfel hinzu und dünste sie mit.

2. Gib stückige Tomaten mit der Flüssigkeit, Gemüsebrühe, Tomatenmark, etwas Salz und Pfeffer zum Hackfleisch. Verrühr alles und lass die Sauce etwa 5 Minuten bei schwacher Hitze leicht kochen.

3. Schiebe den Rost in die Mitte des Backofens. Heize den Backofen vor.
Ober-/Unterhitze: etwa 200 °C
Heißluft: etwa 180 °C

4. Für die Béchamelsauce lässt du Butter oder Margarine in einem kleinen Topf schmelzen. Dann streust du das Mehl darüber und erhitzt es unter Rühren so lange, bis es hellgelb ist. Gieß Milch und Gemüsebrühe hinzu und verrühr alles gründlich mit einem Schneebesen. Achte darauf, dass keine Klümpchen entstehen. Koch die Sauce einmal auf. Rühre dann ein Drittel des Käses darunter und würze die Sauce mit etwas Salz, Pfeffer und Muskat.

5. Nimm dir eine rechteckige Auflaufform (etwa 20 x 30 cm, Inhalt etwa 2 ½ l), fette sie ein und gib etwas Sauce Bolognese auf den Boden. Darauf legst du eine Schicht Lasagneplatten, gibst wieder Sauce Bolognese darauf und beträufelst sie mit etwa 3 Esslöffeln Béchamelsauce. Nacheinander schichtest du wieder Lasagneplatten, Sauce Bolognese und Béchamelsauce ein, sodass 4 Lasagneschichten entstehen.

6. Die restliche Béchamelsauce streichst du mit der Rückseite eines Löffels auf die oberste Nudelschicht und bestreust sie mit dem restlichen Käse.

7. Stell die Form mit Ofenhandschuhen auf den Rost in den Backofen. Lass die Lasagne etwa 35 Minuten backen und garen, bis sie schön gebräunt ist.

8. Anschließend nimmst du die Lasagne vorsichtig mit Ofenhandschuhen aus dem Backofen, stellst sie auf einen Kuchenrost, lässt sie etwas abkühlen und kannst sie dann in Portionen auf Teller geben und servieren. (Vorsicht: Die Lasagne ist sehr heiß!)

Tipp

Wenn Lasagne übrigbleibt, stell sie zugedeckt über Nacht in den Kühlschrank und am nächsten oder übernächsten Tag zum Aufwärmen für 30 Minuten bei 100 °C in den Backofen.

Nudelgratin

mit Erbsen, Tomaten und Mozzarella

Zutaten für 4–6 Kinder

4 l Wasser

4 gestr. TL Salz

400 g Nudeln, z. B. Spirelli

250 g Mozzarella

½ Bund Schnittlauch

200 g Schlagsahne

1 geh. TL Gemüsebrühepulver

400 g stückige Tomaten (aus der Dose)

300 g TK-Erbsen

Salz

gem. Pfeffer

Butter oder Margarine für die Auflaufform

Tipp

Wenn du den Mozzarella durch 200 g mittelalten Gouda oder Bergkäse ersetzt, wird das Gratin noch etwas würziger. Schneide beides dann ebenfalls in feine Würfel.

1. Bringe das Wasser zugedeckt in einem großen Topf zum Kochen. Gib dann das Salz und die Nudeln dazu. Koche die Nudeln dann im geöffneten Topf bei mittlerer Hitze bissfest und rühre dabei gelegentlich mit einem Kochlöffel um. Wie lange die Nudeln ungefähr brauchen, bis sie fertig gekocht sind, steht in der Packungsanleitung. Gib die Nudeln anschließend auf ein Sieb, spüle sie mit kaltem Wasser ab und lass sie abtropfen.

2. Lass den Mozzarella in einem Sieb abtropfen. Schneide den Mozzarella mit einem kleinen Messer in kleine Würfel. Spüle dann den Schnittlauch ab, tupfe ihn trocken und schneide ihn mit einer Küchenschere in Röllchen.

3. Schiebe den Rost in die Mitte des Backofens. Heize den Backofen vor.
Ober-/Unterhitze: etwa 200 °C
Heißluft: etwa 180 °C

4. Erwärme die Sahne in einem Topf unter Rühren mit einem Kochlöffel. Löse die Gemüsebrühe unter Rühren darin auf.

5. Nimm dir eine große, flache Auflaufform und fette sie mit etwas Butter oder Margarine ein. Gib die Nudeln in die Auflaufform. Verrühre die stückigen Tomaten mit der Sahne und verteile sie auf den Nudeln.

6. Gib die gefrorenen Erbsen, zwei Drittel der Mozzarella-Würfel und zwei Drittel der Schnittlauchröllchen darauf und vermenge sie gut mit den Nudeln. Würze das Ganze mit Salz und Pfeffer. Verteile die restlichen Mozzarella-Würfel darauf.

7. Stell die Form mit Ofenhandschuhen auf den Rost in den vorgeheizten Backofen. Überbacke das Gratin etwa 20 Minuten lang.

8. Nimm die Auflaufform mit Ofenhandschuhen aus dem Backofen und stelle die Form auf einen Kuchenrost. Bevor du das fertige Gratin servierst, kannst du es mit den restlichen Schnittlauchröllchen bestreuen.

Mini-Calzoni aus Fertigteig

Zutaten für 4–6 Kinder

1 Pck. XXL (600 g) Pizzafertigteig mit Tomatensauce

3 TL Wasser

1 TL Speiseöl, z. B. Olivenöl

100 g ger. Mozzarella

Außerdem

Weizenmehl zum Bearbeiten

1 Kaffeetasse oder einen runden Ausstecher (z. B. für Kekse) mit einem Durchmesser von etwa 10 cm

1. Verrühre 1 Teelöffel von der Tomatensauce aus der Verpackung mit Wasser und Öl und stelle diese Mischung zum Bestreichen beiseite.

2. Den Pizzateig rollst du auf einer bemehlten Arbeitsfläche (das heißt, du bestreust die Arbeitsfläche dünn mit dem Mehl) mit dem im Teig eingerollten Backpapier nach oben auseinander. Dann kannst du das Backpapier behutsam abziehen und den Teig mit einem Nudelholz noch insgesamt 1–2 cm weiter ausrollen.

3. Lege ein Backblech mit Backpapier aus. Heize den Backofen vor.
Ober/Unterhitze: etwa 200 °C
Heißluft: etwa 180 °C.

4. Steche mit dem Glas oder Ausstecher dann Kreise aus dem Pizzateig aus A. Gib etwas Tomatensauce und geriebenen Mozzarella mit einem Esslöffel auf jeden der Kreise. Dabei musst du auf den Kreisen rundherum einen ca. 1 cm breiten Rand frei lassen B. Auf je eine Hälfte eines Teigkreises gibst du etwas von den unten vorgeschlagenen Füllungen (siehe Füllungen).

5. Pinsele mit einem Küchenpinsel etwas Wasser auf die Ränder der Teigkreise. Dann klappst du die Kreise zu Halbmonden zusammen und drückst die aufeinander gelegten Ränder mit den Zinken einer Gabel zusammen C, damit sich die kleinen Calzoni beim Backen nicht öffnen und auslaufen. Lege die Mini-Calzoni auf das vorbereitete Backblech und pinsele sie mit einem Küchenpinsel mit dem beiseitegestellten Tomatenwasser ein.

6. Schiebe das Blech mit Ofenhandschuhen in die Mitte des Backofens und backe die Mini-Calzoni 15–20 Minuten. Sie sollten goldgelb bis hellbraun sein.

7. Nimm die fertig gebackenen Calzoni mit Ofenhandschuhen aus dem Backofen und stelle sie auf einen Kuchenrost. Dann

A

B

C

kannst du die Calzoni mit einem Pfannenwender vorsichtig vom Backblech nehmen und servieren.

Füllvarianten (zusätzlich zur Tomatensauce und Käse):

Popeye: 1 Teelöffel geputzter klein geschnittener Blattspinat und ½ Teelöffel Frischkäse
Italiener: eine halbe Kirschtomaten und 1 Blatt Basilikum
Cheese: ½ Teelöffel geriebener Cheddarkäse und ½ Kugel Minimozzarella
Hawaii: 1 Teelöffel gewürfelter Kochschinken und 1 Stück Ananas (etwa so groß, wie die aus der Dose)
Volles Mett: 1 Teelöffel Chili con Carne vom Vortag oder 1 Teelöffel vom Inhalt einer frischen Bratwurst
Der Klassiker: 1 Teelöffel gewürfelte Salami und 1 Scheibe von einem frischen Champignon

Tipps

Wer mag (und es ist vielleicht noch Pizzakäse übrig) kann nach der Hälfte der Backzeit die Calzoni noch mit etwas vom geriebenen Käse bestreuen.

Den restlichen Teig in mundgerechte Stücke schneiden und mitbacken. Dann als Pizzabrot servieren.

Hotdogs mit Röstzwiebeln

Zutaten für 4 Kinder

Für die Hotdog-Brötchen:

200 ml Trinkmolke, natur pur oder Wasser

1 TL Honig

10 g frische Hefe (ein etwa würfelgroßes Stück)

100 g Weizenmehl Type 1050

150 g Weizenmehl Type 550

1 TL Salz

Außerdem:

Mehl für die Arbeitsfläche

Backpapier, Teigkarte

Küchenpinsel

Für die Röstzwiebeln:

2 Zwiebeln (120 g)

1 geh. TL Speisestärke

2–3 EL Sonnenblumenöl

2 TL brauner Zucker

etwas Salz

Küchenpapier zum Abtropfen

1. Achtung! Den Teig für die Hotdog-Brötchen musst Du bereits am Vortag zubereiten und über Nacht im Kühlschrank reifen lassen. Gieß dafür die Molke (oder Wasser) in einen kleinen Topf und erwärme sie nur ganz kurz. Nimm den Topf von der Kochstelle. Rühre Honig, die Hefe und 1 Esslöffel Mehl unter die Molke, bis alles gut vermischt ist. Lass die Mischung zugedeckt etwa 5 Minuten stehen.

2. Vermische beide Mehlsorten und Salz in einer großen Rührschüssel. Gieß die Hefemischung dazu und verrühre alles mit einem stabilen Holzlöffel solange gründlich, bis ein Teigkloß entsteht und keine Mehlklümpchen mehr vorhanden sind.

3. Bedecke die Schüssel locker mit einem passenden Deckel oder Frischhaltefolie und stelle sie in den Kühlschrank. Lass den Teig im Kühlschrank bis zum nächsten Tag gehen und reifen.

4. Nimm am Zubereitungstag den Teig etwa 1 Stunde vor dem Backen aus dem Kühlschrank und lass ihn in der Küche bei Zimmertemperatur stehen. Währenddessen kannst du die Röstzwiebeln zubereiten. Putze die Zwiebeln mit einem kleinen Messer, halbiere sie und schneide sie in Streifen.

5. Erhitze das Öl in einer großen beschichteten Pfanne auf höchster Stufe. Sobald das Öl heiß ist, gib die Zwiebeln in die Pfanne. Röste die Zwiebeln dann bei mittlerer Hitze unter gelegentlichem Wenden mit einem Pfannenwender goldbraun. Streu den Zucker darüber und lass ihn schmelzen. Streu etwas Salz über die Zwiebeln und lass sie etwas abkühlen.

6. Lege ein Backblech mit Backpapier aus. Streue eine Arbeitsfläche mit etwas Weizenmehl aus. Lass den Teig aus der Schüssel kopfüber auf die bemehlte Fläche gleiten, nimm dabei eine Teigkarte zur Hilfe, um den Teig vorsichtig aus der Schüssel zu lösen. Teile den Teig mit der Teigkarte in 4 gleichgroße Stücke. Forme die Teigstücke, ohne sie zu kneten, mit bemehlten Händen vorsichtig zu etwa 12 cm langen, etwa 4 cm breiten

Hotdog-Brötchen. Setze sie mit jeweils etwas Abstand zueinander auf das Blech. Lass die Brötchen nochmals 10 Minuten zugedeckt ruhen.

7. Heize währenddessen den Backofen vor.
Ober-/Unterhitze: etwa 220 ° C
Heißluft: etwa 200 °C

8. Bepinsele die Brötchen vorsichtig mit Wasser, bis sie rundum feucht sind. Schiebe das Blech auf einer mittleren Schiene in den heißen Backofen. Backe die Brötchen etwa 20 Minuten goldbraun.

9. Lass die Brötchen auf einem Kuchengitter vollständig auskühlen.

10. Gieß etwa 1 l Wasser in einen Topf und lass es zugedeckt auf höchster Stufe aufkochen. Schalte die Kochstelle aus und ziehe den Topf zur Seite. Gib die Würstchen ins Wasser und lass sie etwa 5 Minuten darin heiß werden.

11. Lass den Gurkensalat gut abtropfen oder schneide die Gewürzgurke in sehr feine Scheiben.

12. Schneide die Brötchen waagerecht auf, aber nicht ganz durch, sodass du sie später gut befüllen kannst.

13. Verteile den Ketchup, die Remoulade, den Senf, die Würstchen, die Gurkenscheiben und die Röstzwiebeln in den Brötchen. Drücke die Hotdog-Brötchen etwas zusammen und serviere sie sofort.

Für den Belag:

etwa 1 l Wasser

4 kleine Wiener Würstchen (z. B. fettreduzierte Geflügel-Wiener; jeweils ca. 50 g)

2 EL marinierte Gurkenscheiben nach dänischer Art (aus dem Glas) oder 1 Gewürzgurke (120 g)

2–3 EL Tomatenketchup

4 EL Remoulade

2 TL mittelscharfer Senf

Tipp

Wenn du eine Feier mit Freunden planst, kannst du dafür alle Hotdog-Zutaten vorbereiten und bereitstellen. Dann kann sich jeder sein Hotdog nach Geschmack selbst zusammenstellen.

Pizza Margherita

Zutaten für 4–6 Kinder

Für den Hefeteig:

300 g Weizenmehl

1 Pck. Trockenbackhefe

½ TL Zucker

1 gestr. TL Salz

3 EL Speiseöl, z. B. Olivenöl

125 ml lauwarmes Wasser

Für den Belag:

250 g Kirschtomaten

200 ml Tomatensauce

200 g ger. Mozzarella

Salz

gem. Pfeffer

50 g ger. Parmesan

3 EL Olivenöl

3–4 Stängel Basilikum

Außerdem:

etwas Fett für das Backblech

1. Gib für den Teig das Mehl in eine Rührschüssel. Vermisch es darin mit einer Gabel sorgfältig mit der Trockenbackhefe. Gib Zucker, Salz, Speiseöl und Wasser hinzu. Mit einem Mixer mit Knethaken werden die Zutaten dann kurz auf niedrigster, dann auf höchster Stufe in etwa 5 Minuten zu einem glatten Teig verarbeitet.

2. Lass den Teig zugedeckt so lange an einem warmen Ort gehen, bis er sich sichtbar vergrößert hat (etwa 30 Minuten).

3. Bestäube den gegangenen Teig und die Arbeitsfläche dünn mit Mehl. Nimm den Teig aus der Schüssel und knete ihn auf der Arbeitsfläche noch einmal kurz mit den Händen durch. Dann rollst du ihn auf einem gefetteten Backblech aus, sodass er das Blech vollständig ausfüllt. Lass den Teig jetzt nochmals etwa 20 Minuten gehen.

4. Heize den Backofen vor.
Ober-/Unterhitze: etwa 250 °C
Heißluft: etwa 225 °C

5. Für den Belag werden die Kirschtomaten abgespült und halbiert. Die Tomatensauce verstreichst du auf dem Teig, dann streust du den geriebenen Mozzarella gleichmäßig darauf. Leg die Tomatenhälften auf den Teig und würze alles mit etwas Salz und Pfeffer. Zuletzt bestreust du die Pizza mit dem Parmesan und träufelst das Olivenöl darüber.

6. Schieb das Blech mit Ofenhandschuhen unten in den Ofen und lass die Pizza etwa 12 Minuten backen.

7. Spül das Basilikum ab und tupf es trocken. Zupf die Blättchen von den Stängeln und schneid sie eventuell etwas kleiner. Nimm die Pizza mit Ofenhandschuhen aus dem Backofen und stelle sie auf einen Kuchenrost. Verteile das Basilikum vor dem Servieren auf der Pizza.

Flammkuchen aus Fertigteig

Zutaten für 2–4 Kinder

80 g Schinken- oder Salamischeiben

1 weiße oder rote Zwiebel

½ Bund Schnittlauch

1 Pck. fertiger Flammkuchenteig aus dem Kühlregal, etwa 260 g

200 g Crème fraîche

Salz

gem. Pfeffer

1. Schneide zuerst die Schinken- oder Salamischeiben in schmale Streifen oder in feine Würfel. Von der Zwiebel zieh die trockene Haut ab, dann kannst du die Zwiebel ebenfalls in Streifen oder Würfel schneiden. Spül den Schnittlauch kurz unter fließendem kaltem Wasser ab, tupfe ihn mit Küchenpapier trocken und schneide ihn mit einer Küchenschere in Röllchen.

2. Heize den Backofen vor. Lies auch noch mal auf der Packung nach, was dort angegeben ist.
Ober-/Unterhitze: etwa 250 °C
Heißluft: etwa 230 °C

3. Nimm den Flammkuchenteig aus der Packung. Rolle ihn auseinander und lege ihn mit dem mit eingerollten Backpapier auf ein Backblech. Verstreiche die Crème fraîche mit dem Rücken eines Esslöffels auf dem Teig, würze mit etwas Salz und Pfeffer.

4. Verteile erst die Schinken- oder Salamistreifen und dann die Zwiebeln auf dem Flammkuchen.

5. Schiebe den belegten Flammkuchen mit Ofenhandschuhen unten in den vorgeheizten Backofen und backe den Flammkuchen so lange knusprig backen, wie es auf der Verpackung beschrieben steht.

6. Nimm das Blech mit Ofenhandschuhen aus dem Backofen (Vorsicht! Sehr heiß!) und stelle das Backblech auf einen Kuchenrost, dann streust du die Schnittlauchröllchen auf den Flammkuchen. Nun kannst du ihn servieren.

Tipp

Du kannst auch eine Hälfte des Flammkuchen süß und die andere herzhaft belegen. Z. B. eine Hälfte mit Apfelspalten (von 1 Apfel), und die andere Hälfte mit 40 g gewürfelter Salami und z. B. Kirschtomatenecken (von 4 Kirschtomaten. Backe wie angegeben.

Süße Variante

Für einen **süßen Flammkuchen** rührst du die Crème fraîche mit 1 gestrichenen Teelöffel Zitronenabrieb (bekommt man schon fertig in kleinen Tütchen) glatt. Dann spülst du 2 mittelgroße Äpfel, trocknest sie ab und entfernst das Kerngehäuse mit

einem Apfelausstecher. Dann schneidest du die Äpfel in Spalten oder Ringe. Die Apfelspalten verrührst mit 1 Teelöffel Zitronensaft, damit sie nicht braun werden. Dann mischst du 1 gehäuften Teelöffel Zucker, 1 Päckchen Bourbon-Vanillezucker und 1 gestrichenen Teelöffel gemahlenen Zimt. Entrolle den Teig und lege ihn mit dem Backpapier auf ein Backblech. Verteile die Crème fraîche wie oben beschrieben auf dem Teig. Verteile Apfelspalten oder -ringe auf der Creme, bestreue sie mit der Zimt-Zuckermischung und backe den Flammkuchen, wie oben beschrieben (Bitte beachte die Packungsanleitung!).

Nachtisch

Bratäpfel

Zutaten für 8 Kinder

1 EL Rosinen

etwa 100 ml Orangen- oder Apfelsaft

8 Äpfel, z. B. Cox Orange oder Boskop

20 g Butter (zimmerwarm)

20 g Zucker

1 Pck. Vanillin-Zucker

2 EL abgezogene, gem. Mandeln

2 EL gestiftelte Mandeln

Außerdem:

etwas Fett für die Form

1. Lass die Rosinen in 2 Esslöffeln Orangen- oder Apfelsaft einweichen - nach Möglichkeit über Nacht. Fette eine Auflaufform ein.

2. Schiebe den Rost in das untere Drittel des Backofens. Heize den Backofen vor.
Ober-/Unterhitze: etwa 200 °C
Heißluft: etwa 180 °C

3. Die Äpfel musst du zuerst entstielen, abspülen und abtrocknen. Mit einem Apfelausstecher stichst du dann das Kerngehäuse von der Blütenseite her aus **A**. Achte darauf, die Äpfel dabei nicht ganz zu durchstechen. Setze die Äpfel in die gefettete Auflaufform.

4. In einem Schälchen verrühre die Butter mit Zucker, Vanillin-Zucker, gemahlenen Mandeln und den eingeweichten Rosinen. Fülle diese Mischung mit einem Teelöffel in die Äpfel **B**. Verteile die gestiftelten Mandeln darauf und drücke sie leicht an. Gieß den restlichen Orangen- oder Apfelsaft zu den Äpfeln in die Form **C**.

5. Schiebe die Auflaufform mit Ofenhandschuhen in den Backofen. Backe die Bratäpfel etwa 40 Minuten.

6. Nimm die Form vorsichtig aus dem Ofen (Ofenhandschuhe anziehen!) und serviere die Äpfel heiß in der Form. Unter die Form musst du einen Kuchenrost stellen, damit die Tischplatte nicht beschädigt wird.

Tipps

Die Bratäpfel schmecken besonders gut mit Puderzucker bestreut, mit Vanillesauce oder mit halb steif geschlagener Schlagsahne.

Wenn du die Kerngehäuse der Äpfel aus Versehen komplett ausstichst, kannst du das Loch mit etwas Marzipan-Rohmasse verschließen.

A

B

C

Frozen Yoghurt

Zutaten für 6 Kinder

250 g frische Erdbeeren

50 g frische Himbeeren

8 EL Agavendicksaft

½ Vanilleschote

500 g griechischer Sahnejoghurt (10 % Fett)

evtl. etwas Agavendicksaft und Zitronensaft zum Abschmecken

Tipp

Wenn ihr keine Eismaschine habt, kannst du die Joghurtmasse auch in eine flache Gefrierdose geben und für etwa 20 Minuten in den Gefrierschank stellen. Rühre die angefrorene Masse danach mit einer Gabel durch und friere sie für noch einmal 20 Minuten ein. Den Vorgang wiederholst du noch 1–2-mal und kannst dann wie in Punkt 3 beschrieben weiter verfahren.

1. Spüle 200 g der Erdbeeren ab, tupfe sie mit Küchenpapier ab und entferne die Stiele und Kelchblättchen (A) mit einem kleinen Messer. Wenn die Erdbeeren groß sind, schneide sie in Hälften oder Viertel. Gib sie in einen hohen Rührbecher. Verlese die Himbeeren, spüle sie eventuell ab, tupfe sie vorsichtig mit Küchenpapier trocken und gib sie auch in den Rührbecher. Gib noch 4 Esslöffel Agavendicksaft in den Rührbecher und püriere alles mit einem Pürierstab. Stelle die Masse in den Kühlschrank.

2. Kratze das Mark der ½ Vanilleschote mit dem Rücken (der Rücken ist die stumpfe Seite des Messers) eines kleinen Messers heraus (B) und verrühre es zusammen mit 3 Esslöffeln Agavendicksaft und dem Joghurt zu einer glatten Creme (C). Schmecke die Joghurtmasse noch einmal mit etwas Zitronensaft oder/und Agavendicksaft ab. Gib den abgeschmeckten Joghurt in die Eismaschine und lasse ihn 20–25 Minuten gefrieren.

3. Gib einen kleinen Teil der cremigen Joghurtmasse mit einem Esslöffel z.B. in eine Gefrierdose, streiche sie glatt und verteile darauf eine Schicht des gut durchgekühlten Erdbeer-Himbeer-Marks. Dann verteilst du wieder das Eis darauf und gibst abwechselnd in Schichten das Fruchtmark und Eis darauf, bis die Massen aufgebraucht sind. Verschließe die Gefrierdose und stelle sie für etwa 3 Stunden ins Gefrierfach

4. Nimm den Frozen Yoghurt zum Servieren aus dem Gefrierfach und lass ihn bei Zimmertemperatur kurz antauen.

5. Spüle in der Zwischenzeit die restlichen Erdbeeren ab, tupfe sie mit dem Küchenpapier ab und entferne die Stiele und Kelchblättchen. Schneide die Erdbeeren in kleine Stücke und mariniere sie mit 1 Esslöffel Agavendicksaft.

6. Verteile den Frozen Yoghurt in kleinen Gläsern und verziere ihn mit den Erdbeerstückchen.

A

B

C

Kaiserschmarrn

Zutaten für 3–4 Kinder

4 Eier (Größe M)

100 g Weizenmehl

Salz

1 Pck. Vanillin-Zucker

200 g Schlagsahne
oder 200 ml Milch

50 g Rosinen

etwa 50 g Butterschmalz
oder 4 EL Speiseöl,
z. B. Sonnenblumenöl

Puderzucker

1. Trenne die Eier: Dafür schlägst du ein Ei an der Kante einer Tasse auf und brichst die Schalenhälften vorsichtig auseinander. Das Eigelb lässt du von einer Schalenhälfte vorsichtig in die andere gleiten. Dabei fängst du das Eiweiß in der Tasse auf. Das Eiweiß gibst du in eine Rührschüssel. Mach das auch mit den übrigen Eiern. Achtung: Das Eiweiß lässt sich später nur aufschlagen, wenn das Trennen der Eier einwandfrei funktioniert hat und kein Eigelb im Eiweiß gelandet ist.

2. Gib das Eiweiß in einen sauberen hohen Rührbecher. Schlag das Eiweiß mit einem Mixer (Rührstäbe) zu festem Schnee. Stell den Rührbecher beiseite.

3. Gib das Eigelb mit Mehl, 1 Prise Salz, Vanillin-Zucker und Sahne oder Milch in eine Rührschüssel und verrühre es mit dem Mixer (Rührstäbe) zu einem glatten Teig. Zum Schluss gib den Eischnee darauf und hebe ihn mit einem Schneebesen vorsichtig unter (A).

4. Erhitze etwas Butterschmalz oder Speiseöl in einer breiten beschichteten Pfanne. Wenn du nur eine kleine Pfanne zur Verfügung hast, kannst du zwei Schmarren nacheinander backen. Gib den Teig in die Pfanne und backe ihn bei mittlerer Hitze, bis er auf der Unterseite hellgelb und auf der Oberfläche noch etwas flüssig ist. Mit 2 Pfannenwendern (aus Kunststoff, damit die Pfanne nicht zerkratzt wird) teilst du den Teig in vier gleich große Stücke (B), wendest sie und backst sie goldgelb. Gib dafür eventuell noch etwas Fett in die Pfanne.

5. Zerreiß den Schmarren mit 2 Pfannenwendern in kleine Stücke (C) und gib ihn auf eine Platte, streu zum Schluss noch etwas Puderzucker darüber.

Tipps

Damit das Steifschlagen vom Eiweiß funktioniert, muss die Schüssel und der Rührbesen absolut fettfrei sein und es darf keine Spur vom Eigelb im Eiweiß sein.

Schlage Eiweiß immer erst kurz vor seiner Verwendung auf.

A

B

C

Milchreis

Zutaten für 6 Kinder

1 l Milch (1,5 % Fett)

Salz

2 EL Zucker

1 Pck. Vanillin-Zucker

dünn abgeschälte Schale von 1 Bio-Zitrone (unbehandelt, ungewachst)

175 g Milchreis (Rundkornreis)

Zum Bestreuen:

2 EL Zucker

½ TL gem. Zimt

1. Gib die Milch mit 1 Prise Salz, Zucker, Vanillin-Zucker und Zitronenschale in einen Topf und bring alles zum Kochen Ⓐ.

2. Gib den Reis hinzu Ⓑ, bring ihn zum Kochen und lass ihn mit halb aufgelegtem Deckel Ⓒ bei schwacher Hitze etwa 35 Minuten quellen. Rühre ihn dabei gelegentlich um.

3. Lass den Milchreis danach noch etwa 10 Minuten auf der ausgeschalteten Herdplatte nachquellen.

4. Gib Zucker und Zimt in eine kleine Schüssel und vermische beides mit einem Löffel.

5. Entferne vor dem Servieren die Zitronenschale.

A

B

C

Mousse au Chocolat

einfach, ohne Ei

Zutaten 4–6 Kinder

120 g Vollmilch-Schokolade (oder Zartbitter-Schokolade mit einem Kakaoanteil von 50-55%)

250 g kalte Schlagsahne

Zum Garnieren:

wahlweise Kakaopulver, Raspelschokolade, Rote Grütze, frische Beeren oder Obst der Saison

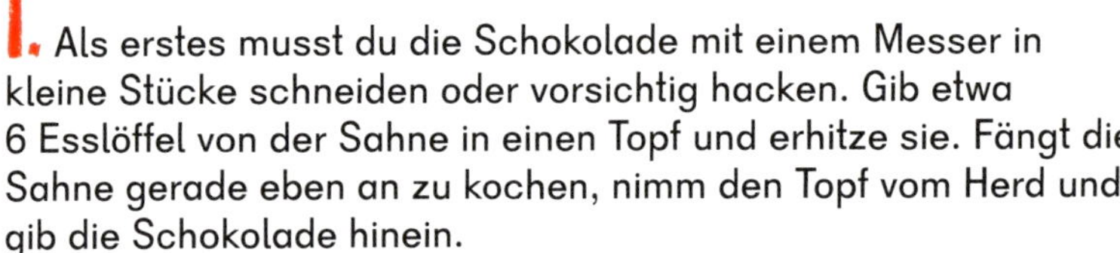

1. Als erstes musst du die Schokolade mit einem Messer in kleine Stücke schneiden oder vorsichtig hacken. Gib etwa 6 Esslöffel von der Sahne in einen Topf und erhitze sie. Fängt die Sahne gerade eben an zu kochen, nimm den Topf vom Herd und gib die Schokolade hinein.

2. Lass alles 4–5 Minuten stehen, damit die Schokolade in der Sahne schmelzen kann. Verrühr dann alles mit einem Schneebesen oder Teigschaber zu einer glatten Schokomasse. Füll die Schokomasse in eine ausreichend große Schüssel und lass sie stehen, bis sie auf Zimmertemperatur abgekühlt ist. Die Masse soll aber noch weich sein.

3. Gib die restliche Sahne in einen hohen Rührbecher und schlag sie mit einem Mixer (Rührstäbe) steif. Achtung – du darfst sie nicht zu lange schlagen, sonst wird sie zu Butter.

4. Rühre einige Löffel von der geschlagenen Sahne unter die Schokocreme. Hebe den Rest mit einem Schneebesen darunter. Jetzt solltest du nicht mehr zu stark rühren, damit die Mousse schön luftig bleibt.

5. Stell die Mousse zugedeckt für etwa 2 Stunden in den Kühlschrank

6. Je nach Wunsch kannst du die Mousse in der Schüssel servieren. Oder du kannst sie z. B. einem Eisportionierer auf Teller setzen und mit Kakaopulver, Roter Grütze oder frischen Früchten garniert servieren.

Tipps

Du kannst auch mit einem Esslöffel Nocken abstechen.

Bleibt die Mousse au Chocolat nach dem Vorbereiten länger (also z.B. über Nacht) im Kühlschrank, nimm sie etwa 20 Minuten vor dem Servieren aus dem Kühlschrank, damit sie richtig gut schmeckt.

Obstsalat

Zutaten für 4–6 Kinder

je 1 Apfel, kleine Mango, Nektarine, Orange, Kiwi

2 Pflaumen

100 g Erdbeeren

3 EL Zitronensaft

1 Pck. Vanillin-Zucker

Zum Bestreuen:

50 g gehobelte Mandeln

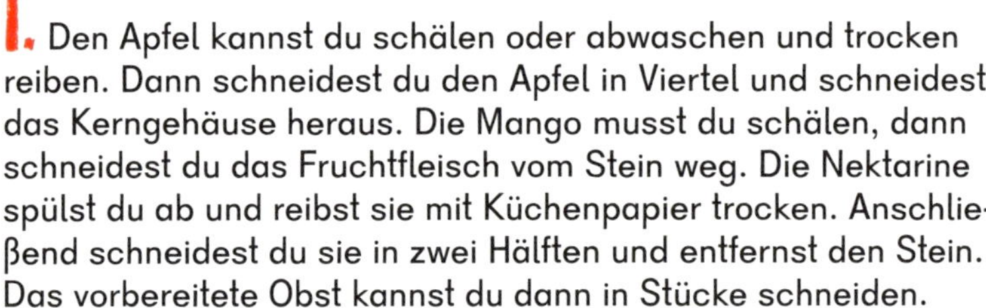

1. Den Apfel kannst du schälen oder abwaschen und trocken reiben. Dann schneidest du den Apfel in Viertel und schneidest das Kerngehäuse heraus. Die Mango musst du schälen, dann schneidest du das Fruchtfleisch vom Stein weg. Die Nektarine spülst du ab und reibst sie mit Küchenpapier trocken. Anschließend schneidest du sie in zwei Hälften und entfernst den Stein. Das vorbereitete Obst kannst du dann in Stücke schneiden.

2. Die Orange schälst du so, dass mit der dicken Schale auch die weiße Haut entfernt wird A. Schneide dann die einzelnen Orangenfilets zwischen den weißen Hautwänden heraus B.

3. Schäle die Kiwi. Spüle die Pflaumen und trockne sie ab. Dann entferne die Steine. Spüle die Erdbeeren ab, entferne die Stiele und schneide Kiwi, Pflaumen und Erdbeeren in Stücke.

4. Röste die Mandeln in einer Pfanne ohne Fett leicht an C.

5. Gib das vorbereitete Obst in eine Schüssel und verteile Zitronensaft und Vanillin-Zucker darüber. Dann mische alles mit einem Esslöffel. Du kannst den Salat sofort mit den gerösteten Mandeln bestreuen und servieren oder zugedeckt in den Kühlschrank stellen. Dann gib die Mandeln erst direkt vorm Servieren darüber.

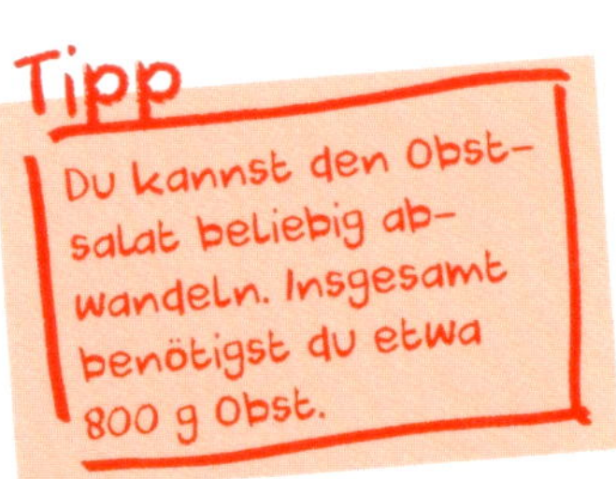

A

B

C

Pannacotta mit Beerensauce

Zutaten für 6 Kinder

Für die Creme:

600 g Schlagsahne

1 Pck. Bourbon-Vanille-Aroma

Salz

2 Stück Zitronenschale von 1 Bio-Zitrone (unbehandelt, ungewachst)

40 g Zucker

4 Blatt weiße Gelatine

Für die Beerensauce:

300 g gemischte TK-Beeren

1 Pck. Bourbon-Vanille-Zucker

1. Für die Creme gibst du die Sahne mit Vanille-Aroma, 1 Prise Salz, Zitronenschale und Zucker in einen Topf. Bring die Sahne zum Kochen und lass alles ohne Deckel bei schwacher Hitze 10–15 Minuten leicht kochen. Gelegentlich solltest du die Mischung umrühren.

2. Weiche die Gelatine nach der Beschreibung auf der Packung in kaltem Wasser ein.

3. Nimm die Zitronenschale mit einer Gabel aus der Sahne. Drück die Gelatine mit den Händen aus und gib sie in die heiße Sahne. Rühre so lange, bis sich die Gelatine in der heißen Sahne aufgelöst hat.

4. Gieß die Sahne in 6 kalt ausgespülte Förmchen oder Tassen (jeweils etwa 150 ml Inhalt), lass sie etwas abkühlen und stelle sie mindestens 3 Stunden (am besten über Nacht) in den Kühlschrank.

5. Für die Beerensauce lass die Beeren auftauen. Lege ein paar Beeren für die Dekoration beiseite. Den Rest gib in einen hohen Rührbecher und püriere sie mit einem Pürierstab A. Schmecke die Beerensauce mit Vanille-Zucker ab.

6. Löse die Pannacotta vorsichtig mit einem Messer vom Förmchen- oder Tassenrand B. Stell die Förmchen oder Tassen ganz kurz in warmes Wasser, dann löst sich die Creme gut vom Rand. Stürze die Pannacotta auf kleine Teller und serviere sie mit der Sauce und ein paar Beeren.

Vanille
Zucker
A
B

Rote Grütze

Zutaten für 4–6 Kinder

je 250 g Brombeeren, Johannisbeeren, Himbeeren und Erdbeeren (alle Früchte vorbereitet gewogen)

35 g Speisestärke

60 g Zucker

500 ml Fruchtsaft, z. B. Sauerkirsch- oder Johannisbeersaft

1. Alle Beeren müssen vorbereitet werden. Brombeeren verlesen, evtl. vorsichtig abspülen und gut abtropfen lassen. Johannisbeeren abspülen, gut abtropfen lassen und die Beeren von den Rispen streifen A. Himbeeren verlesen, evtl. kurz abspülen und trocken tupfen. Erdbeeren abspülen, abtropfen lassen, entstielen und je nach Größe der Früchte entweder in immer zwei oder vier Stücke schneiden.

2. Mische Speisestärke mit Zucker und rühre sie dann mit 4 Esslöffeln von dem Fruchtsaft an B. Bringe den restlichen Saft in einem Topf zum Kochen. Rühre die angerührte Speisestärke unter. Lass den Fruchtsaft unter Rühren aufkochen, nimm dann den Topf von der Kochstelle. Rühre die Beeren darunter C.

3. Fülle die Rote Grütze in eine große Schale oder in kleine Schälchen und stell sie für mindestens 2 Stunden in den Kühlschrank.

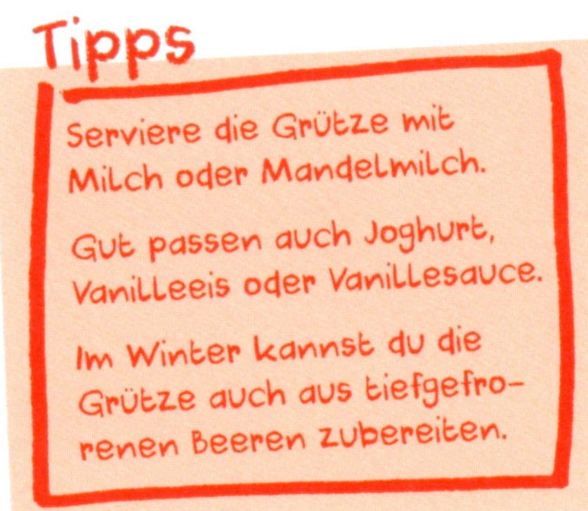

A

B

C

Sauerkirsch-Crumble

Zutaten für 6 Kinder

1 Glas Sauerkirschen (Abtropfgewicht 350 g)

100 g Weizenmehl

100 g abgezogene, gem. Mandeln

100 g Zucker

1 Prise Salz

½ TL gem. Zimt

90 g kalte Butter

Außerdem:

1 EL Butter oder Margarine zum Einfetten

1. Hänge ein Sieb über eine Rührschüssel. Gib die Sauerkirschen in das Sieb und lass die Sauerkirschen gut abtropfen. Schiebe den Rost in die Mitte des Backofens. Heize den Backofen vor.
   Ober-/Unterhitze: etwa 180 °C
   Heißluft: etwa 160 °C

2. Nimm dir eine Auflaufform und fette sie mit einem Pinsel mit etwas Butter oder Margarine ein und streue sie mit etwas Zucker aus. Verteile die Sauerkirschen in der Auflaufform.

3. Für die Streusel gibst du das Mehl in eine Rührschüssel. Mische die Mandeln, den Zucker, 1 Prise Salz und den Zimt unter. Schneide die kalte Butter mit einem kleinen Messer in kleine Würfel und gib sie hinzu. Verknete die Zutaten mit einem Mixer (Knethaken) zu groben Streuseln. Streue die Streusel locker auf die Sauerkirschen.

4. Schiebe die Form mit Ofenhandschuhen auf dem Rost in den vorgeheizten Backofen und lass das Sauerkirsch-Crumble etwa 40 Minuten backen.

5. Nimm die Auflaufform mit Ofenhandschuhen aus dem Backofen und stelle sie auf einen Kuchenrost. Jetzt kannst den Crumble mit einem Esslöffel portionsweise aus der Form nehmen und auf Teller oder Schälchen verteilen.

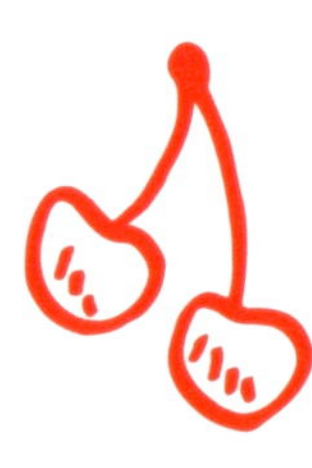

Tipps

Den Sauerkirschsaft kannst du trinken. Verdünne ihn am besten mit Mineralwasser, dann ist er nicht so süß und löscht besser den Durst.

Du kannst den Sauerkirsch-Crumble auch in kleinen Portionsformen zubereiten.

Tiramisu

Zutaten für 4–6 Kinder, je nach Appetit

100 ml Sahne

250 g Mascarpone

30 g Zucker

1 Pck. Vanillin-Zucker

75 ml Milch

10–12 Löffelbiskuits (100 g; ohne Zuckerkruste)

175 ml fertiger Trinkkakao (nach Belieben mit fettreduzierter Milch und weniger Zucker)

1 geh. EL Back-Kakaopulver zum Bestreuen

1. Gib die Sahne in einen hohen Rührbecher. Schlag die Sahne mit einem Mixer (Rührstäbe) steif.

2. Gib Mascarpone, den Zucker, den Vanillin-Zucker und die Milch in eine Rührschüssel. Schlag alles mit dem Mixer (Rührstäbe) auf höchster Stufe in etwa 3 Minuten schön glatt (A).

3. Mische die Sahne nach und nach mit einem Teigschaber oder Schneebesen unter die Mascarponecreme.

4. Stell dir eine etwa 20 x 25 cm große Auflaufform bereit. Gib etwa die Hälfte der Creme in die Form und streiche sie mit einem Teigschaber glatt.

5. Gieß den Trinkkakao in einen tiefen Teller. Nimm nach und nach die Löffelbiskuits in die Hand und tunk sie kurz in den Kakao – die Kekse sollen dabei nicht zu sehr durchweichen! Leg die Löffelbiskuits nebeneinander auf die Creme, bis die Form vollständig gefüllt ist.

6. Gib die restliche Mascarponecreme auf die getränkten Löffelbiskuits. Streich die Creme glatt.

7. Streu dann mit Hilfe eines kleinen Küchensiebs eine dicke Schicht Kakaopulver obenauf (B).

8. Stell das fertige Tiramisu für etwa 30 Minuten zugedeckt in den Kühlschrank, so kann es gut durchziehen.

Variante

Für ein **Erdbeer-Tiramisu** 250 g frische Erdbeeren abspülen, gut abtropfen lassen, entstielen und in Scheiben schneiden. Tiramisu wie oben beschrieben zubereiten, nur jeweils auf den getränkten Löffelbiskuits zusätzlich die Erdbeeren verteilen.

A
B

Vanillepudding

mit Keksen und Erdbeeren

Zutaten für 6 Kinder

1 Vanilleschote

500 ml Milch (oder 250 ml Milch und 250 ml Sahne)

1 Prise Salz

250 g frische Erdbeeren

2 Eigelb (Größe M)

3 EL Zucker

1 Pck. Vanillin-Zucker

50 g Speisestärke

4–6 Butterkekskringel, z. B. Dänische Butterkekse

2 EL gehackte Pistazienkerne

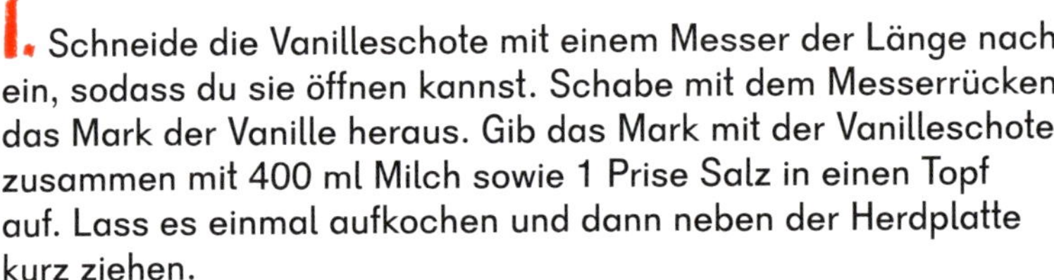

1. Schneide die Vanilleschote mit einem Messer der Länge nach ein, sodass du sie öffnen kannst. Schabe mit dem Messerrücken das Mark der Vanille heraus. Gib das Mark mit der Vanilleschote zusammen mit 400 ml Milch sowie 1 Prise Salz in einen Topf auf. Lass es einmal aufkochen und dann neben der Herdplatte kurz ziehen.

2. Spül die Erdbeeren in einem Sieb kurz ab und lass sie abtropfen. Lege 4 oder 6 Erdbeeren zum Verzieren beiseite. Von den restlichen Erdbeeren entfernst du das Grün und die Stielansätze, dann schneidest du die Erdbeeren je nach Größe in etwas kleinere Stücke.

3. Verrühr in einer kleinen Schüssel die restliche Milch mit Eigelb, Zucker, Vanillin-Zucker und Speisestärke.

4. Nimm die Vanilleschote mit einer Gabel aus der Milch und stell den Topf wieder auf den Herd. Gib die angerührte Milchmischung unter Rühren in den Topf und koch alles einmal kurz auf. Nimm den Topf von der Herdplatte.

5. Zerkleinere die Kekse grob mit den Händen. Verteil die vorbereiteten Erdbeeren in die Gläser, verteil darauf die Hälfte des Puddings und die zerkleinerten Kekse. Obenauf kommt dann der restliche Pudding.

6. Mit den beiseitegelegten Erdbeeren verzierst du die Desserts und bestreust sie mit den Pistazienkernen. Serviere sie entweder sofort oder stell sie zugedeckt in den Kühlschrank.

Alphabetisches Register

M/N

O/P

R

S

T

V/W

Kapitel-Register

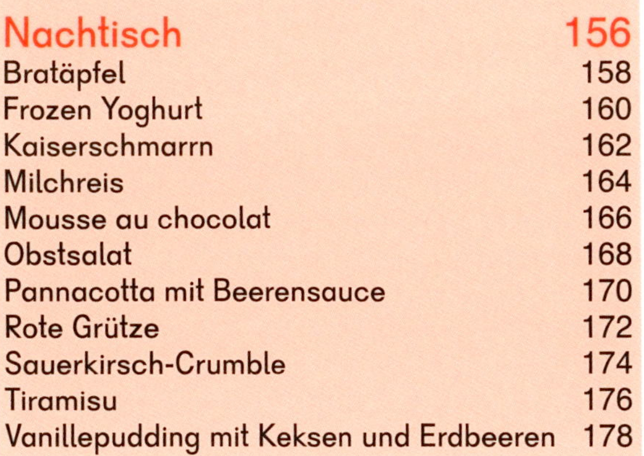

IMPRESSUM

HINTER JEDEM TOLLEN BUCH STECKT EIN STARKES TEAM

Projektleitung: *Carola Reich*
Lektorat: *Angelika Ilies, Langen*
Rezeptentwicklung und -beratung: *Olaf Brummel, Steinhagen*
Gestaltung und Satz: *Büro 18, Friedberg/Bayern*
Herstellung: *Frank Jansen*
Producing: *Jan Russok*
Druck & Bindung: *aprinta druck GmbH, Wemding*

UNSER VERLAGSHAUS

Mit Standorten in München, Hamburg und Berlin zählt die Edel Verlagsgruppe zu den größten unabhängigen Buchanbietern Deutschlands. Zur Edel Verlagsgruppe gehört unter anderem ZS mit seinen Lizenzmarken Dr. Oetker Verlag, Kochen & Genießen und Phaidon by ZS.

Die Bücher und E-Books unter der Marke Dr. Oetker Verlag erscheinen als Lizenz in der Edel Verlagsgruppe GmbH
www.oetker-verlag.de
www.facebook.com/Dr.OetkerVerlag 
www.instagram.com/Dr.OetkerVerlag

FÜR DIE UMWELT

ZS unterstützt bei der Produktion dieses Buches das Projekt „Junge Riesen für die nächsten 100 Jahre" im Naturpark Nossentiner/Schwinzer Heide. Damit wird ein Anteil der unvermeidbaren CO_2-Emissionen im direkten Umfeld des Produktionsstandortes kompensiert.

LIEBE LESERINNEN, LIEBE LESER,

seit 130 Jahren gibt es Dr. Oetker Bücher, viele davon sind seit Jahrzehnten im Programm. Mit jedem Buch, mit jeder Aktualisierung eines unserer Klassiker erfinden wir uns neu. Was bleibt, ist immer der Kern unserer Bücher: praktisch müssen sie sein und funktionieren muss alles. Gerne auch mal den einen oder anderen Kniff anbieten, den Sie vielleicht noch nicht kannten. Deshalb kommen Ihnen die Dr. Oetker Bücher so modern und frisch und doch so vertraut vor.

Viel Spaß und viel Erfolg wünschen wir Ihnen auch mit diesem Buch.
Ihre Dr. Oetker Verlagsredaktion

4. Auflage 2022

Kaiserstraße 14 b
D-80801 München
ISBN: 978-3-7670-1810-5

BILDNACHWEIS

Coverelemente:
Food Icons (auch im Inhalt): Nikolaeva/Shutterstock
Tafelhintergrund: Tobias Steinert/Shutterstock
Foodfotografie:
Barbara Bonisolli, München (S. 141 links);
Walter Cimbal, Hamburg (S. 6, 7, 8, 9, 10, 11, 55, 63 unten, 135 oben, 151, 175);
Studio Diercks Media GmbH (Silje Paul, Kai Boxhammer), Hamburg (S. 23 links, 25 oben, 27, 31, 33, 49, 57 oben, 61, 63 oben, 67, 73, 75 oben, 79, 91, 95, 97, 98, 99 oben, 109, 111, 115, 117, 129, 133, 153, 159, 163, 167, 169 oben, 171, 179);
Antje Plewinski, Berlin (S. 23 rechts, 25 unten, 29 unten links, 39, 53, 54, 57 unten, 69, 71, 75 unten, 76, 77, 87, 101, 105, 107 unten, 113 unten, 135 unten, 137 unten, 141 rechts, 147, 165 oben, 177 unten);
StockFood/Great Stock! (S. 107 oben);
Axel Struwe, Bielefeld (S. 161 oben);
StockFood Studios/ Meike Bergmann (S. 81, 85, 131, 173 links);
StockFood Studios/ Andreas Hantschke (S. 13, 15, 16/17, 19, 29 oben, 34/35, 37, 41, 43, 45, 47, 51, 59, 64/65, 89, 93, 103, 119, 121, 122/123, 125, 127, 139, 143, 149, 155, 156/157, 161 unten, 169 unten, 177 oben);
StockFood Studios/ Katrin Winner (S. 83, 113 oben);
Studio Eising (S. 21, 99 unten, 137 oben, 145, 165 unten, 173 rechts)